旅先銭湯別冊 02

ちいさなまちの素朴湯

松本康治

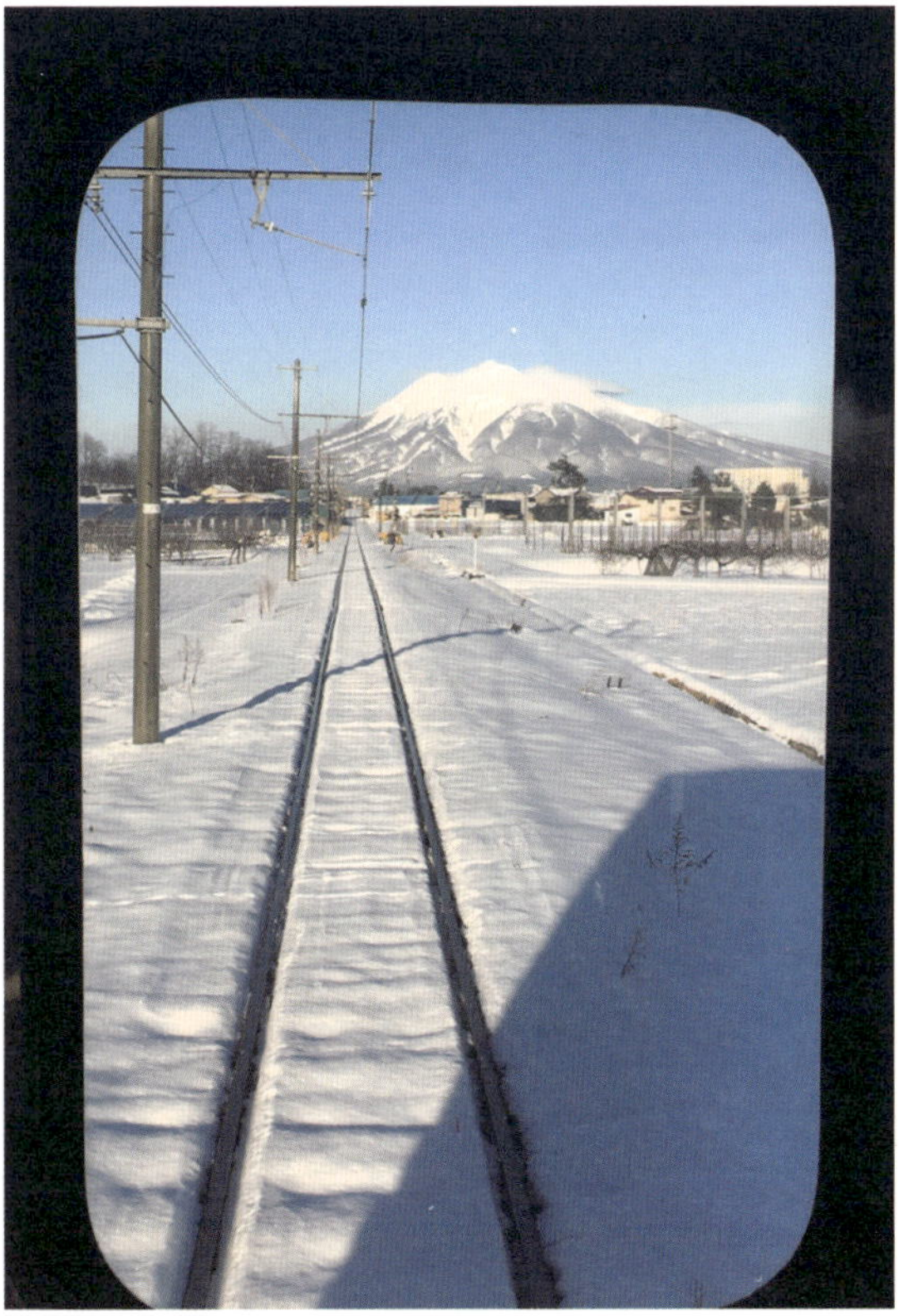

み[illegible]く編

玉勝温泉（→ 50 頁）

みちのくに呼ばれてしまったら

みちのくに呼ばれる――そんなふうに感じることがありませんか？特に用事がないのに、なにかのタイミングで東北の地図をひろげ、「エート芭蕉はここを……」などと指先でたどってしまったり。

東北地方の旅にはいろんな楽しみがありますが、私の場合、途中で立ち寄る風呂と酒場は欠かせません。風呂といえば東北は温泉天国、テレビ番組や駅のポスターなどで一度は見たことがある有名な温泉地が目白押しです。山あいの秘湯で歴史ある旅館に何日か逗留して、のんびりと骨休め。いやー憧れますねえ。

でも湯あがりにブラブラ歩いて近くの酒場で一杯やるのが好きな私にとっては、街場の公衆浴場も捨てがたい。地元の人々が日常の風呂として通う昔ながらの浴場に何食わぬ顔でお邪魔し、方言にまみれて、その時だけそこの住民になったような気分を味わうのも旅の醍醐味です。

しかし、そんな郷土色の濃い素朴な銭湯や共同浴場は年々減っています。風呂に限らず古いものが新しいものに、経済合理性の低いものが高いものに、小さなものが大規模で効率的なものに置き換わっていくのが今の世の流れですが、それだけでは推し量れない存在との出会いが私にとっては旅の味わいどころでもあります。

そこでこの本では、有名な秘湯や温泉旅館からは少し離れ、また設備の充実した郊外の大型入浴施設からも離れ、私が出会った中から次のような観点で選びました。

・公共交通機関（鉄道・路線バス）で行ける

・人々が暮らす街や集落の中にある
・おもに地域住民が日々の風呂として利用する
・その地域で長く愛されている
・誰もが安価に利用できる
・こぢんまり

これを本書では「ちいさなまちの素朴湯」と呼ぶことにします。東北ではその多くが温泉ですが、沸かし湯の銭湯も含みます(私が大好きだから)。

みちのくに呼ばれてしまったあなたが、旅の途中でフラリと立ち寄れる風呂の一つとして。

※本書の分類として、地域住民の利用者組合などが管理・運営する浴場を**「共同浴場」**、個人や法人が管理・運営する公衆浴場を**「銭湯」**、その湯が温泉の場合を**「温泉銭湯」**と呼ぶことにします。本書にはそれら三者が出てきます。温泉でもそうでなくても人はみな風呂に入りたい、そのルーツともいえる「ちいさな素朴湯」が本書のテーマです。

※「読む旅」を楽しんでもらうために、掲載浴場を**一筆書きでめぐる各駅停車の旅**を想定し、旅程の順に5つのエリアに分けて章立てしました。

※第6章として、私が朝日新聞デジタルで連載中のエッセイ「ニッポン銭湯風土記」に書いた東北エリアの記事を収載しました。

※**新潟県**は一般的には東北地方に含まれませんが、関西に住む私にとって新潟市以北の下越地方は東北旅行とセットでないとなかなか足を延ばせない地域なので、ここを旅の出発地としました。

ちいさな
まちの素朴湯

おくのふろ道

01←は掲載頁

CONTENTS

CONTENTS

CONTENTS

※本文中の各銭湯の営業終了時刻は閉店時刻ですので、それまでに退出してください。

※営業時間や定休日等は変更される場合があります。

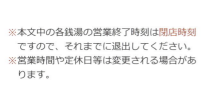

ちいさなまちの素朴湯

楽しみ方と注意点

本書にはいくつかのタイプの入浴施設が出てきます。それぞれの成り立ちや運営形態、性格は異なりますので、それらを理解して楽しみましょう。

【共通する留意点】

・タオル・石けん・シャンプーなどの備え付けはないところがほとんど。風呂道具は持参しましょう。

・かかり湯をする、タオルを湯に浸けない、洗濯をしない、体を拭いて上がる、騒がない、管理者に無断で内部写真を撮らない、といった公衆浴場の基本マナーを守りましょう。

【共同浴場】

本書では、その地域の住民が浴場の利用者組合を作って管理・運営している入浴施設を**共同浴場**と呼びます。

共同浴場の最大の特徴は、商業施設ではないという点です。組合員らが交代で掃除や受付をしているところも少なくなく、外来者は特別に受け入れてもらえるというかたち。したがって入浴料を支払ったからといって「俺は客だ」という態度をとるべきではありません。

・小銭を用意して行く

・浴場に入るときは「こんにちは」、出るときは「お先に失礼します」と挨拶する

・浴場内でのふるまいは他の入浴者（組合員）の様子を参考に

・湯が熱くて入れない場合は、他の入浴者に相談する

・誰もいない場合でも、うめすぎに注意

・出るときは桶など元通りに

【銭湯、温泉銭湯】

本書では個人や法人が管理・運営する公衆浴場を**銭湯**と呼び、その湯が温泉である場合に**温泉銭湯**と呼びます。

銭湯は基本的に商売ですが、法的に「一般公衆浴場」として認可されている施設の場合（そうであるか否かを外来者が判別するのは困難ですが）、施設の目的は「近隣住民の生活衛生」です。旅行者の行楽のために作られた施設ではありませんし、中には近隣住民のために高齢店主が年金をつぎ込んで商売度外視でやっている浴場もありますので、ここでも共同浴場に準じるかたちで「旅人の美学」をもって入浴しましょう。

以上のことさえ気をつければ、地元の人々の温かさに触れながら、心に残る時間を過ごせるはずです。

第1章

念珠ケ関《ねずがせき》を越えて

「奥羽三関」と呼ばれたものがある。かつて蝦夷《えみし》の南下を防ぐ名目で設けられた三つの関所で、それぞれ現在の東北地方とそれ以外の本州地域（茨城・栃木・新潟）を分ける県境に位置している。

本書では越後（新潟）から北上してみちのく入りをする。その県境にあるのが鼠ケ関《ねずがせき》。かつては念珠ケ関とも書いた。念珠とは数珠《じゅず》のことで、ここを通る人はなにがしかの祈りや念を込めてみちのくへの一歩を踏み出したことだろう。

本章ではその関を挟んで南と北にある、新潟県下の素朴湯と山形県庄内地方の素朴湯を訪ねる。

新津温泉

管理人のお肌のツヤツヤっぷりが物語る油田地帯の恵み

猛烈に蒸し暑い日。新津川沿いの緑に包まれた遊歩道を歩いていたら突然、川岸から異質なニオイが……石油？

駅にあった街案内パンフレットによると、この一帯はかつて日本最大の油田地帯であり、この川に沿って8社ほどの製油所が立ち並んでいたらしい。

川から堤防に上がった先に、新津温泉がある。だだっ広い空き地のような砂利敷きの駐車スペース、簡素な建屋、かすれた看板。なんとも素朴な風情だ。

玄関で緑のスリッパに履き替え、廊下を進んで隣の建物に浴場がある。扇風機が盛大に回る脱衣場からは、先客が一人、湯船の端で憩うのが見える。

裸になって浴室へ入ったとたん、またあのにおいに包まれた。石油だ。目の前の湯船に薄く白濁した湯が満ちている。この湯のにおいなのか!?

その石油、いや湯に体を沈める。熱くもぬるくもなく、肌触りは極めてまろやかで、ふわりとまとわりつく感じがある。かと言って湯面に油が浮いているわけでもなく、どう見てもお湯。じつにふしぎだ。嫌な感じはまったくなく、むしろ出るのが惜しくなる。そんなふしぎの湯にまとわりつかれながら、窓から見える景色ののどかさよ。

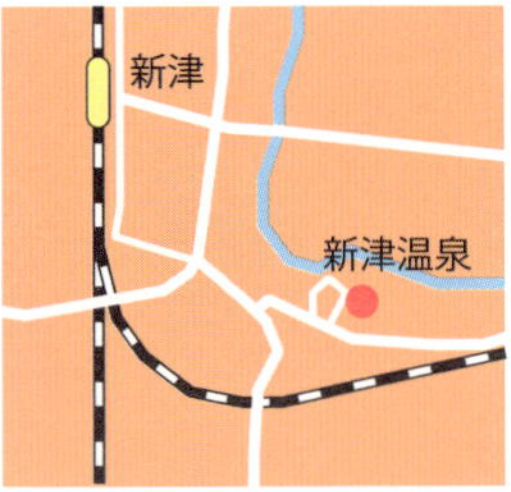

飾らぬ風情がたまらない

管理人の鬼山秋子さんによると、1951年に帝国石油が油田を試掘し

冬はぬるくなるので沸かす。洗い場には水の蛇口２つとシャワーが１つ

たところ温泉が湧き出した。それを3年後に先代オーナーが買い取って公衆浴場にしたという。アトピーなどに著効があるとの評判で全国から客がくる。

間欠泉もここの名物。数か月おきに湯小屋から真横に10メートルほど噴出するそうだ。見てみたい……。

湯上がりはアブラっぽいわけでもなくサラッと心地よい。かすかな石油の残り香を楽しみながら、爽快な気分で駅に戻る。新津駅は羽越本線の起点、みちのくの旅路はここから始まるのだ。

泉質：ナトリウム - 塩化物・炭酸水素塩泉
源泉温度：44.7℃

住所　新潟市秋葉区新津本町 4-17-13
TEL　0250-22-0842
時間　8:00 〜 18:30
休　水曜日
料金　￥500
交通　信越・羽越本線「新津」歩 15 分

雲母《きら》温泉

鉄路は数年前の豪雨で途切れたまま。
代行バスも他に乗る人はいなかった。

羽越本線の坂町駅から分岐する米坂線は、２０２２年８月の豪雨で被災して以来、大部分が休止したまま。不吉な「廃線」の二文字がちらつく状況だ。

越後下関駅の近くでＪＲの代行バスを降りた。街道沿いに国の重文に指定されている豪壮な屋敷が並び、それを中心に関川村役場や観光センターなどが徒歩圏内に集まっている。あちこちに温泉も湧き出ていて、地元の人たちが共同で管理・運営する小さな共同浴場もいくつかあり、それらはわずか１００円で外部にも開放されている。

この日は猛烈に蒸し暑かった。炎天下を国道沿いに数分歩いたところに**上関共同浴場**がある。看板も何もない無骨で古びた小屋だ。覗くと誰もいない。外部の入浴者は金属製の箱に料金を入れるようにと書いてあるので１００円玉をカチャンと入れると、ビックリするほど大きな音のブザーが2度、あたり一帯に鳴り響いた。

浴室の戸を開けるや息を呑んだ。これは聖なる空間だ……。湯船から無色透明の湯が溢れ、黒いタイル張りの床をサラサラと流れている。タイルはあちこち剥がれ、温泉成分で変色しているが、荒れた感じはなく、地元の人たちに大事にされていることが感じられる。毎日拭かれて新しい花を供えられる古い地蔵堂のようだ。そして開け放たれた窓から見える家々の屋根や青空。

パイプから湯と水が常時投入されているが、最初は熱くて入れない。水蛇

口をひねったり、かき混ぜたりしてるうちに良い具合になった。クセのない、やわらかでさわやかな湯だ。

上関共同浴場から荒川の上流へ堤防沿いに数分歩くと、小さな農具入れのような小屋が現れた。ここも看板は何もないが、**雲母《きら》共同浴場**だ。通りかかったおばちゃんに挨拶したら、「水と湯の蛇口ひねってじゃんじゃん出して、湯をきれいにしてがら入っだらええ。出るときは両方止めとけばええがら」と教えてくれた。

入ると玄関も小さくて、料金箱が置かれている。清潔感に満ちた脱衣場も浴室も、せいぜい二人程度の超コンパクトサイズ。おばちゃんに言われた通り、お湯と水をじゃんじゃん出す。白いタイル張りの湯船とこの浴室の小ささに対して、開け放たれた窓から見える緑の堤防と青空の広さ。ここは大草原の小さな隠れ家だ。

湯船の横のカランからほとばしり出

共同浴場 上関共同浴場

上関共同浴場
新潟県岩船郡関川村上関 362-2
6:30 ～ 19:00　**休**：無　¥100
米坂線「越後下関」歩 14 分

る冷たい水をあびては湯に浸かり、溢れさせ、ドバドバ出してまた浸かる。この幸福感、言葉にしようもない。こんな小さな船に乗って旅ができたらどんなに素晴らしいだろう。

出がけに、90にもなろうかというバサマが手押し車で入りに来た。後ろの堤防で川の写真を何枚か撮って戻ったら、バサマがもう出てきた。こんなに豊富に湯が湧いているんだから、日に何度かサクッと入るのもいいだろなあ。

泉質：ナトリウム - 塩化物・硫酸塩泉
源泉温度：76.3℃

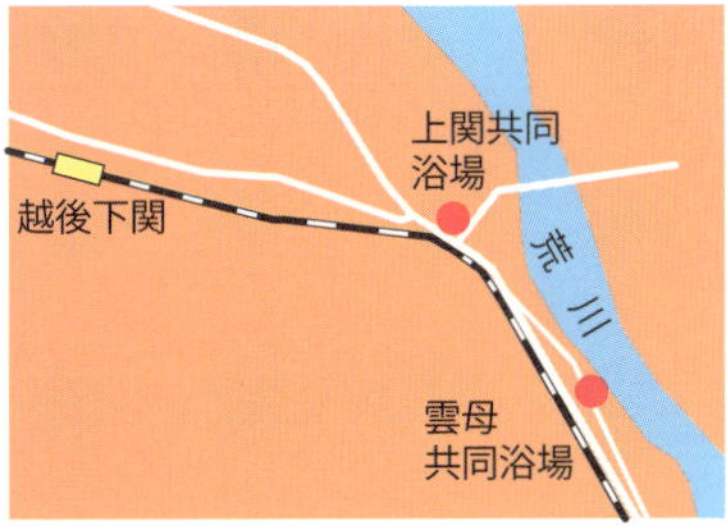

共同浴場

雲母《きら》共同浴場

雲母共同浴場
新潟県岩船郡関川村上関 314-1
6:30 ～ 19:00
休：無　￥100
米坂線「越後下関」歩 23 分

あつみ温泉

「熱ければ水でうめてもいいですから」
と声をかけてくれる人々の里

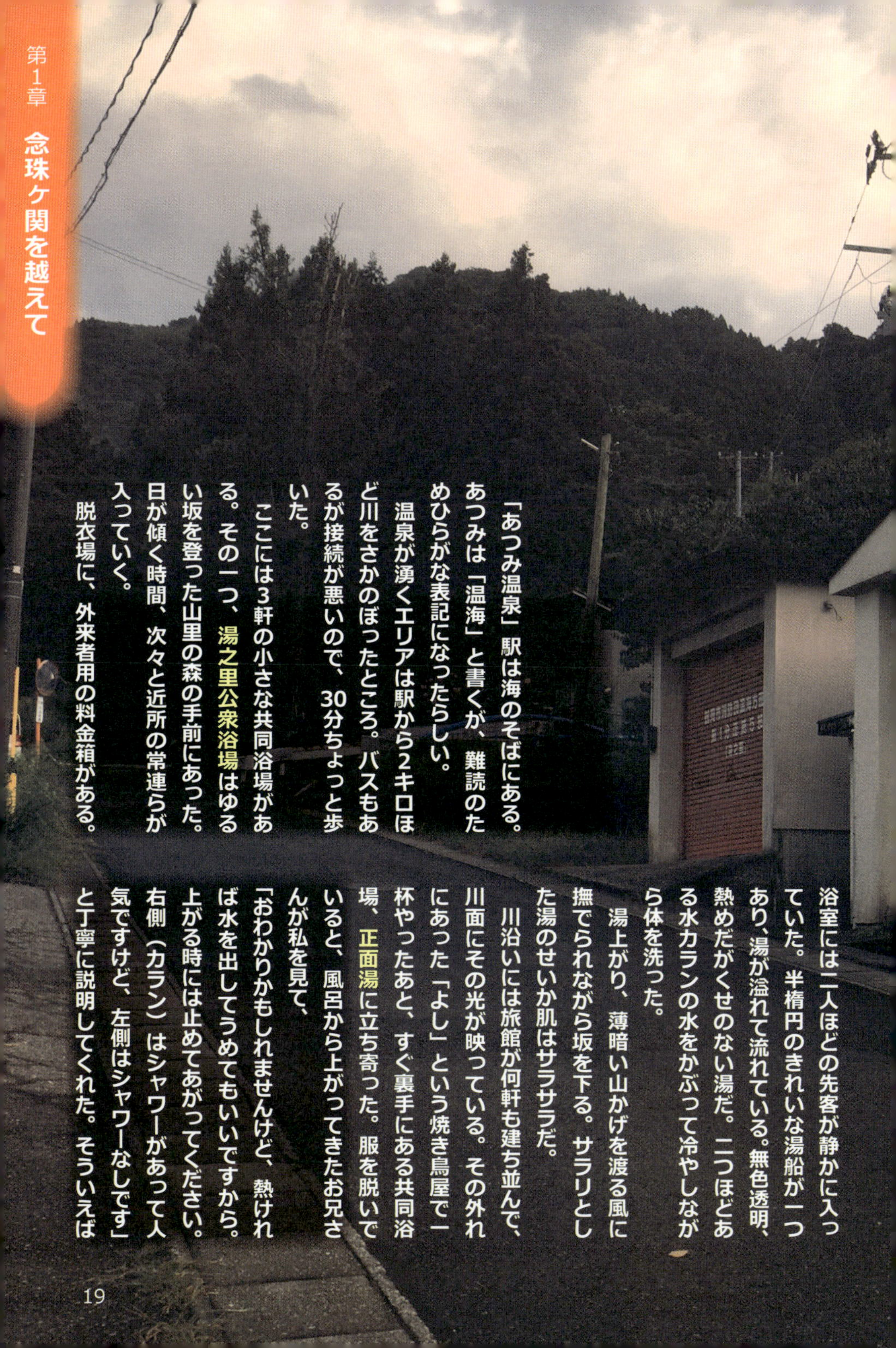

「あつみ温泉」駅は海のそばにある。あつみは「温海」と書くが、難読のためひらがな表記になったらしい。

温泉が湧くエリアは駅から2キロほど川をさかのぼったところ。バスもあるが接続が悪いので、30分ちょっと歩いた。

ここには3軒の小さな共同浴場がある。その一つ、湯之里公衆浴場はゆるい坂を登った山里の森の手前にあった。日が傾く時間、次々と近所の常連らが入っていく。

脱衣場に、外来者用の料金箱がある。

浴室には二人ほどの先客が静かに入っていた。半楕円のきれいな湯船が一つあり、湯が溢れて流れている。無色透明、熱めだがくせのない湯だ。二つほどある水カランの水をかぶって冷やしながら体を洗った。

湯上がり、薄暗い山かげを渡る風に撫でられながら坂を下る。サラリとした湯のせいか肌はサラサラだ。

川沿いには旅館が何軒も建ち並んで、川面にその光が映っている。その外れにあった「よし」という焼き鳥屋で一杯やったあと、すぐ裏手にある共同浴場、正面湯に立ち寄った。服を脱いでいると、風呂から上がってきたお兄さんが私を見て、

「おわかりかもしれませんけど、熱ければ水を出してうめてもいいですから。上がる時には止めてあがってください。右側（カラン）はシャワーがあって人気ですけど、左側はシャワーなしです」と丁寧に説明してくれた。そういえば

さっき道端の案内地図を見ていたら、通りかかった女性が「共同浴場をお探しですか?」と声をかけてくれた。よそ者に優しい土地柄なのだろうか。

浴室はとてもコンパクトで、きれいに改装されている。少しいびつな形の湯船には、左端の四角い湯鉢からアツアツの源泉が注がれ、その近辺は猛烈に熱い。右端の少し狭くなった部分に水カランを発見し、その栓をひねってうめながらゆっくりと体を沈めたとたん、湯面から立ちのぼる硫黄のいい香りに顔じゅう包み込まれた。湯之里公衆浴場では感じなかったが、泉源が異なるのだろうか。湯触りもなめらかで、熱いけど出るのが惜しくなる。

翌日は朝イチでもう1軒の共同浴場、狭い路地にある**下の湯**へ。楕円形の湯船の横で、先客のおじさんが泡だらけになってゆっくりと体を洗っている。正面湯と同じく硫黄の香りがプンとして、やわらかな肌触り。朝からごちそ

湯之里公衆浴場
山形県鶴岡市湯温海湯之里 128
◔14:00 ～ 22:00　**休**：無　￥200
羽越本線「あつみ温泉」→庄内交通バス「あつみ観光協会」歩 6 分

共同浴場
湯之里公衆浴場

正面湯
山形県鶴岡市湯温海甲 158
◔ 6:00-8:00、11:00-22:00
休：無、￥300
庄内交通バス「熊野神社前」歩 2 分

共同浴場
正面湯

うだ。

あつみ温泉には横光利一がたびたび逗留して作品を書いていたらしい。その旅館は川のほとりで今も営業している。こんな静かな温泉地に籠り、風呂にだけ出かけて仕事に没頭か……そらよろしわな。

体からかすかに漂う硫黄の残り香を感じつつ、駅までの道をまたブラブラと歩いて下った。

泉質：ナトリウム・カルシウム - 塩化物・硫酸塩泉
源泉温度：68℃

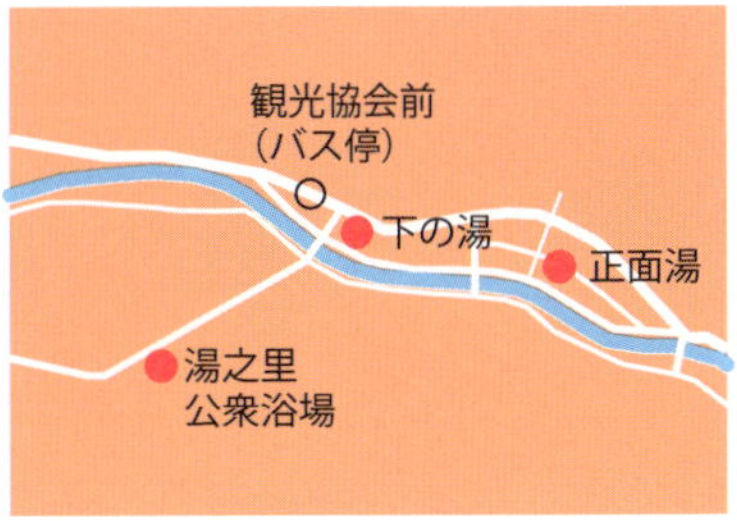

共同浴場 下の湯

下の湯
山形県鶴岡市湯温海甲 290
6:00-11:00、14:00-22:00
休：無、￥300
庄内交通バス「あつみ観光協会」歩2分

湯田川温泉

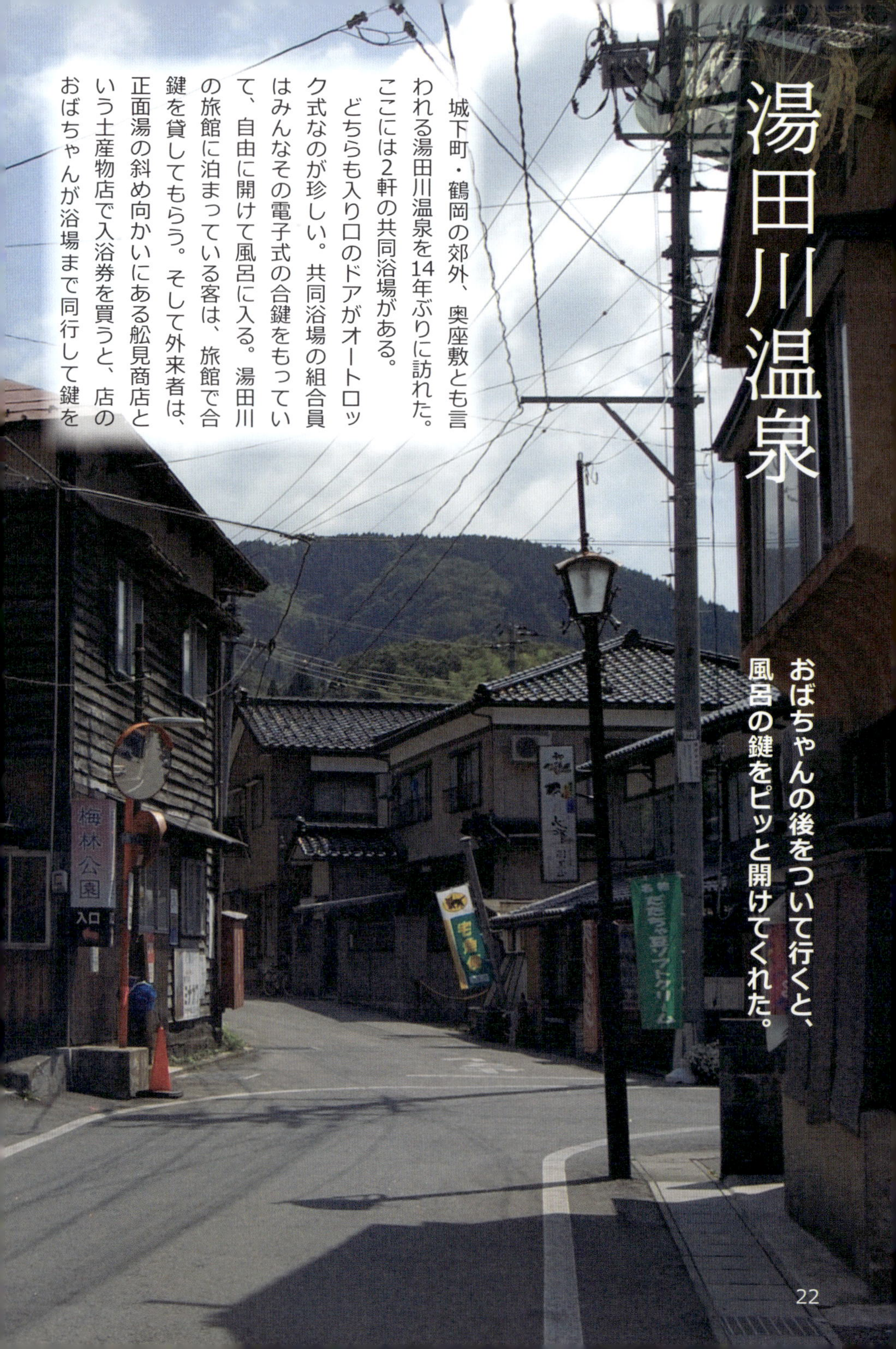

城下町・鶴岡の郊外、奥座敷とも言われる湯田川温泉を14年ぶりに訪れた。ここには2軒の共同浴場がある。

どちらも入り口のドアがオートロック式なのが珍しい。共同浴場の組合員はみんなその電子式の合鍵をもっていて、自由に開けて風呂に入る。湯田川の旅館に泊まっている客は、旅館で合鍵を貸してもらう。そして外来者は、正面湯の斜め向かいにある舩見商店という土産物店で入浴券を買うと、店のおばちゃんが浴場まで同行して鍵を

おばちゃんの後をついて行くと、風呂の鍵をピッと開けてくれた。

ピッとして開けてくれる。誰もいない深夜に外来者が入って具合が悪くなっても困るからこの方式にしたそうだが、もともと外来者や観光用ではなく、あくまで地域住民のための日々の風呂。夏場は上半身裸で帰っていく住民もいたりする。

正面湯は、由豆佐売《ゆずさめ》神社（→11頁）の参道の正面にあるという意味だ。向かいの足湯と、隣の旅館との狭い隙間を進むと鳥居があって、苔むした急階段が立ち塞がる。それを登ると、湿った山かげに古色蒼然たる社殿が現れて圧倒される。ここは藤沢周平原作の映画「たそがれ清兵衛」（山田洋次監督、2002年）のロケ地にもなった。正面湯から出た常連はこの神社のほうへ一礼して帰っていくという。

舩見商店のおばちゃんは浴場まで同行する間、

「ここは42℃で湧いてるから加温も加水

もなしの源泉のままなんですよ」
と誇らしげに語ってくれた。湯田川の湯はほんのりと甘いような出汁のような香りがして、豊富な湧出量そのままに、注ぎ込まれては溢れ続ける豊穣さが魅力だ。

私は前回入らなかった**田の湯**に入るのを楽しみにしていた。すごく小さな隠れ風呂のような浴場らしい。舩見商店のおばちゃんは、「正面湯はお湯がドーッと出てますけど、田の湯はチョロチョロなんですよ」と言う。

鍵を開けてもらって田の湯に入ると、たしかにこれは狭い。手前に靴を脱ぎ、右へ服を脱ぎ、左へ風呂に入る。それだけの、せいぜい2～3人分のスペースしかない。そこに先客のおじさんがいて、隅に一つだけある水カランの前で体を洗っている。そして、おばちゃんの言葉に反して、ライオンの湯吐き口からは十分な量の湯がザーッと投入されているではないか。

正面湯
山形県鶴岡市湯田川湯元 47
7:00-9:00、11:00-19:00
休：無　￥300
羽越本線「鶴岡」→庄内交通バス「湯田川温泉」歩 1 分

共同浴場
正面湯

体を沈めると、肩口でほのかに甘く香る湯。それがライオンの口から休みなく吐き出され、小さな湯船では受け止めきれず溢れに溢れてサラサラと排水溝に流れ去る。罰あたりな光景だ。

　先客のおじさんが念入りにかかと周りを軽石でこすっているので、私もマネしてかかと周りをじっくりとこすっては2度3度と湯船に入り、この小宇宙に満ちる贅沢を隅々まで堪能した。

泉質：ナトリウム・カルシウム - 硫酸塩泉
源泉温度：40 ～ 44℃

共同浴場 田の湯

田の湯
山形県鶴岡市湯田川乙 39-17
7:00-9:00、11:00-19:00
休：無　￥300
羽越本線「鶴岡」→庄内交通バス「湯田川温泉」歩１分

コラム

なぜ「ちいさなまちの素朴湯」なのか

「温泉」と「銭湯」という言葉の解釈については過去の拙著にも書いたが、法的には温泉とは「液体」の種類を指し、銭湯とは運営形態を指す言葉だ。つまり温泉と銭湯は対立する概念ではなく、一部は重複する。

本書のテーマは温泉でも銭湯でもない。両者が重なる部分も重ならない部分もひっくるめた上で「ちいさなまちの素朴湯」を訪ねる旅に出る、というもの。

思えばこれまで、温泉の共同浴場と沸かし湯の銭湯をまぜこぜに並べて紹介する本はほとんどなかったように思う。

タイトルの「ちいさな」は、「まち」と「素朴湯」の両方にかかっている。

「ちいさなまち」とは大都市でもなければ山奥の1軒宿でもない、鉄道やバスが走り郵便局や小学校があるような規模の街や集落を指す。そんな場所なら旅のついでにヒョイッと立ち寄れるし、湯上がりに一杯やれる店も近くにあるはず（重要！）。

「ちいさな素朴湯」とは小規模で、観光客向けではなく地域の人々が日々の風呂として長年通う入浴施設を指す。なおかつ、ヨソ者もOKなところ。

以上の条件から、東北の山奥の有名な秘湯（酸ケ湯、乳頭、銀山、玉川、蔵王……等々）は本書には登場しない。

なぜそんなくくりにしたのかというと、私自身は基本的にどんな入浴施設であれ、一入浴客として楽しめたらそれで満足。

ところが「ちいさなまちの素朴湯」は放っておけない。一つには、温泉であるなしを問わずそういう風呂に出会ったときに「おおっ！」と声が出てしまう（興奮する）という私の嗜癖から。もう一つは、そんな「素朴湯」がどんどん減っているから。

常に変化する世の中で、入浴施設に限らず新しいものは放っておいても次々に生まれ、経済合理性のあるものが生き残る。非効率な個人店はより効率的な大型店に取って代わられる。たしかに時代に合わせて変化する努力は必要だ。でもすべてがそうだとしたら、その時代の流行に合うものしか存在し得ないことになり、時代が変わればまた全部入れ替わる。私は一人の旅人として、そんな輪切りにされたような街を歩いてもあまりおもしろいと感じない。

逆にそうでないもの、古いものや小さいもの、資本やマーケティングから遠いものに出会ったとき、その存在の間尺に合わなさのようなものが、強い刺激となって私の心を揺さぶる。なにかキューンとなってしまう。そういうものに出会いたくて旅をしていると言ってもいい。それらが現に存在し守られていることにワクワクし、人に伝えたくなる。

そんな興奮を覚えながらみちのくを旅した結果、本書が生まれてきたのです。

第2章

八郎を追いかけて

秋田県の八郎潟は、干拓される前は日本で二番目に大きな湖だった。その名称は、八郎という男が龍蛇に変化し、棲み家として十和田湖を作ったが修行僧との戦いに敗れて追い出され、今度は川をせき止めて鹿角《かづの》盆地を湖にしようとしたが神々に阻まれ、しかたなく米代川を下って巨大な八郎潟を作った——という伝説に基づいている。

八郎とは何者か、この民話が何を意味するのかはさて置いても、東北らしい壮大なスケールが痛快だ。

この章では八郎の歩みを逆にたどる。八郎潟から米代川を遡って十和田湖へ向かうルート上に、ちいさな素朴湯が点在する。

田屋の湯

江戸期の旅人も訪れた伝説の黒湯

八郎潟干拓地の近く、大久保駅で列車を降りた。数分歩き、こんもりと樹木の茂った丘へと続く道を曲がると、森の手前に風呂屋の煙突が見えてくる。でも建物はなぜかまっすぐに森のほうを向いている。

建物正面は黒い板壁で覆われている。手前に鳥居と祠があって、傍らに白い標柱が立っている。菅江真澄《すがえますみ》（江戸期の学者・旅行家）がここを訪れたことを示す市の標柱だ。

公衆浴場としての看板は何も出ておらず、二つの入口には、暖簾の代わりに向かいの祠と同じ注連《しめ》縄と紙垂《しで》飾りがかけられていて、神社の社務所のようにも見える。中に入ると廊下の右端に窓口があり、声をかけると上品なおかみさんが出てこられた。

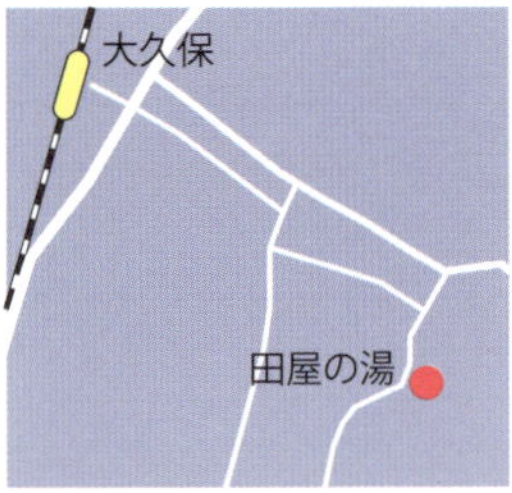

脱衣場の棚に置かれた籐籠はみな新しくて清潔。浴室には奥壁にタイル絵があり、湯船が一つ。透明度30センチほどの黒湯（泥炭層から湧くモール泉）である。桶や椅子もすべて新しく、湯水の出もよい。気持ちの良い風呂場だ。湯船の黒湯はちょうどよい温度、なめらかな湯の肌触りがやさしい。高い煙突があったから、冷泉が沸かされているのだろう。

一人いた先客のおじさんは子どもの頃、干拓前の八郎潟で魚釣りをしたと言う。「埋めて良かったんですかね?」

「うーん、どうかね……魚も貝もとれたし、今となっては昔のほうが良かったような気もするな」

上がって外に出ると、建物のすぐ先に「宇婆姫《うばひめ》神社」と書かれた鳥居があっ

谷の奥に宇婆姫神社が見える

宇婆姫神社。田屋の湯と同様の紙垂飾り

た。その坂を登るとため池があり、森の奥の谷へと細道が続いている。祠が見えたので行ってみたら、祠前の鳥居には真新しい紙垂飾りがかかっていた。

ため池に戻って田屋の湯を見下ろすと、玄関の紙垂飾りと谷奥の神社の紙垂飾りが呼応しているように見えた。

菅江真澄は田屋の湯について、「とてもぬるいが眼を洗うと効果があり、人々があまり利用しないのが残念だ」という意味のことを書いている（→42頁）。

田屋の湯は宣伝もせず看板も上げず、それでもピカピカに磨き上げられて、静かにこの地で湯を沸かし続けている。それは森の奥の宇婆姫の霊を祀ることとつながっているようにも感じられた。そして、もの静かなおかみさんは、きっとその守り手なのだろうと思った。

泉質：ナトリウム - 塩化物・炭酸水素塩泉
源泉温度：20.8℃

住所　秋田県潟上市昭和豊川竜毛郷境 29
TEL　018-877-5381
時間　13:00 ～ 18:30
休　月曜日
料金　￥400
交通　奥羽本線「大久保」歩 12 分

銭湯

明治湯

風呂猫が番をする能代最後の伝統的銭湯

五能線の線路沿いを歩いて、能代に残る最後の伝統的な銭湯、明治湯に向かう。能代駅から10分ほどで高く聳える煙突が見えてきた。

暖簾の前にひもでつながれた猫が2匹いて、制服姿の高校生カップルがしゃがみこんで猫を撫でている。

中に入ると番台におかみさん。物が多くレトロな脱衣場、年季を感じさせる典型的なローカル銭湯の光景だ。浴室には先客が数名、体を洗ったり湯に浸かったり。奥壁にタイル絵があり、深い湯船に湯が熱く沸いている。

そこにどっぷりと浸かって目を閉じる。あぁ、たっぷりのお湯の熱が体にじんじんしみ込んでくる。ここまでの旅で源泉かけ流しの温泉にさんざん浸かってきたが、銭湯には銭湯の良さがあるなぁとしみじみ感じる。なんだろう、この良さは。子どもの頃からこんな湯にずっと浸かってきた。温泉はどこにでも湧き出るわけではない。それでも熱い風呂に入って一日の疲れをとりたい。そのためにお風呂屋さんがせっせと薪をくべて沸かしてくれた湯だ。何十年も、生涯をかけて。

そのうちに常連客らが次々と入ってきた。上がると天井扇の風に迎えられる。オロナミンCがうまい。

「明治湯ということは明治から?」

「いえいえ、昭和34年……だったかな?」

建物も浴室も当時のままだそうだ。猫は親子でマメとキナコ。

帰り道、すがすがしい気分で線路わきの道を戻る。コスモス、トリトマ、フジバカマ……線路に沿って誰かがたくさんの花を育てている(↓7頁)。

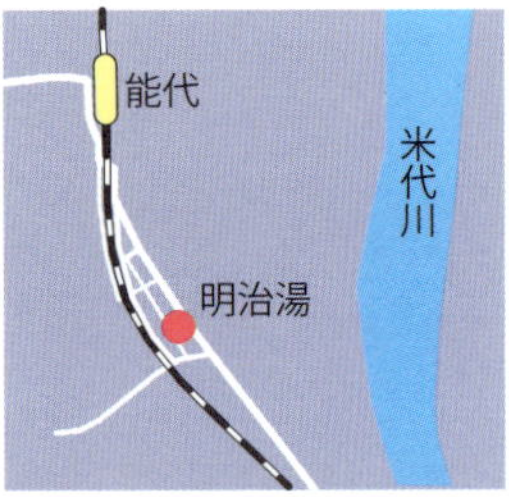

熱い湯を60年間、沸かし続けてきた

住所 秋田県能代市明治町 13-7
TEL 0185-52-3206
時間 14:00 ～ 22:00
休 5の倍数日
料金 ￥400
交通 五能線「能代」歩 11 分

温泉銭湯

軽井沢温泉

大滝温泉の川向かい ひっそりたたずむ美湯

朝の花輪線。車窓の田園風景があまりに美しくて、童話の世界を旅しているようだ。

大滝温泉駅で降り、自販機もない駅前をまっすぐ進む。「大滝グランドホテル」の廃墟が聳え、美しい米代川を渡った橋（→27頁）のたもとには「千と千尋」的な和風ホテルの廃墟が聳える。昔はけっこうな観光地だったんだな。

やがてのびやかな高原状の畑地となり、トンボが飛んでいる道を緩やかに登ると軽井沢温泉が現れた。この界隈では新しい建物だ。開放的なロビーに人のよさそうなおやじさんがいる。

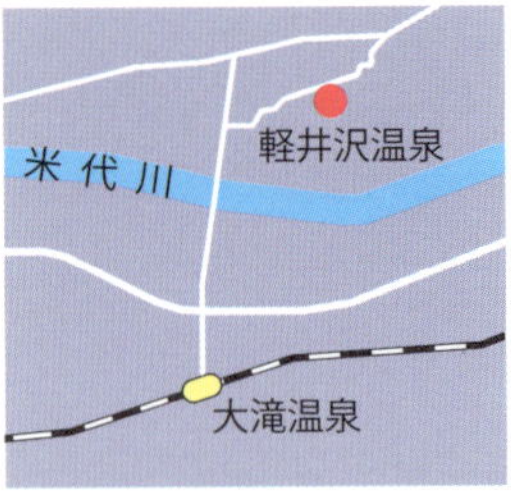

浴室の戸を開けて入るや、ふわっと硫黄の香りに包まれた。中央の湯船から無色透明の湯が溢れてサラサラと床を流れている。「大浴槽43度、小浴槽46度に調整しています」との掲示を見て、その順に浸かる。いやー、これはいい。

午前10時前という中途半端な時間だったが客が次々に来た

熱いけどサラリとして、ピチピチと新鮮さを感じる美しい湯だ。この湯にゆったりと浸かる幸せを感じる。白っぽい湯の花も少し舞っている。5～6人の相客もみな目を閉じて満足げに浸かっている。いい光景だ。

上がって店主に聞くと、「この建物は18年くらい前に建てた。それまでは向

浴室にはシャワーがない。つけたこともあったが温泉成分ですぐに詰まってしまうので外したそうだ。

かいの建物で40年くらい前からやってた」とのこと。

「ホテルの廃墟がありましたけど、昔は栄えてたんですねぇ」

「廃墟になったのは20年ぐらい前かな。魚もいねぐなって釣り客も減った。カワウが何千羽と来て食べてしまうから、鮎釣りの季節には魚いねぐなるのよ」

　でも私としては、この界隈ののんびりムードがとても気に入った。きっとまた来よう。

泉質：ナトリウム・カルシウム - 硫酸塩・塩化物泉
源泉温度：50.7℃

住所　秋田県大館市軽井沢五輪岱 115-1
TEL　0186-52-2905
時間　6:00 ～ 20:00
休　第 2・4 月曜日（祝日の場合は翌日）
料金　￥200
交通　花輪線「大滝温泉」歩 12 分

大湯温泉

「ときどき気泡がポコポコ出てるだろ。たまにボコッと大きいのが」

火山のカルデラである十和田湖の南に、縄文時代のストーンサークル（→40頁）がある。2021年には世界遺産に登録された。縄文時代後期（約4000年前）の遺跡である。

そこから30分ほど歩いて斜面を下ると、大湯のまちに出る。おそらくは十和田火山の爆発時に火砕流に埋められたのであろう広い谷間のそこかしこに熱い湯が湧き、それを囲んで3000人ほどが住んでいる。

十和田火山は20万年前から平安時代

川のほとりに並ぶ青い屋根の簡素な建物が、
４つの共同浴場の１つ、荒瀬共同浴場

に至るまで噴火を繰り返し、吐き出される大量の火砕流によって周辺一帯は何度も焦土と化してきた。そんな土地でも人々は繰り返し棲み処としてきた。よほどいいところなのだろうと思わざるを得ない。

　多くの温泉施設があるが、この地の浴場組合が管理・運営する共同浴場が4ヵ所あり、外来者も入浴できる。入口の券売機で200円の入浴券を買い、箱に入れる方式。どこもレトロで素朴な造りで、こういうのが好きな人にはたまらない空間だ。

　川に沿って最上流にある**荒瀬共同浴場**が最も熱い。川のギリギリの土手っぱらに建てられた細長い湯小屋。上半身裸で出てくるおやじがいたりする。浴室では四角い湯船から無色透明の湯が常に溢れていて、がんばればなんとか浸かれるくらいの熱さ。46度はあるだろう。浸かってしまえばすぐに気持ちがよくなって、熱い湯が疲れた体にしみわたる。

湯船の底は板敷になっており、板と板の間には5ミリほどの隙間がある。隙間の下は真っ暗で見えない。横で体を洗っていた地元のおじさんに聞いてみた。

「この隙間の下はどうなっているんですか？」

「丸い石がゴロゴロしてて、その間から湯が湧いてるんだよ」

「この下から直接湧いてるんですか」

「ときどき気泡がポコポコ出てるだろ。たまにボコッと大きいのが」

たしかにそうだった。こいつはパワー溢れる湯だ。熱くて長湯できないが、地元の人々が途切れずにやって来る人気の風呂だ。

そこから歩いて10分ほど下った大湯の町の中心部に**上の湯**がある。幹線道路に面した小さな建物で、前に住民が利用できる温泉井戸がある。昼間でも続々と入浴者が訪れる。

共同浴場

荒瀬共同浴場

底板の下には川原の石があり、その隙間から熱い湯が湧き出している

男女の境に休憩室がある

荒瀬共同浴場
秋田県鹿角市十和田大湯荒瀬 25-3
6:00 ～ 21:00　休：無
バス「大湯新橋」歩 2 分、200 円

さらに10分ほど下ると、川の近くに**川原の湯**、山寄りに**下の湯**がある。どちらも道路から少し外れた静かな通りに面していて、ひっそりとした印象。たまたま誰もいない時間帯だったようで、静寂空間を満喫できた。

4湯とも、床や湯船のふちに「十和田石」と呼ばれる緑色凝灰岩の切石がタイル状に敷き詰められていた。よそでほとんど見た記憶がないもので、渋い色味と手触りにほれぼれする。入浴者が途切れてしばらく経つと湯が熱くなるが、その場合は水の蛇口をひねって水でうめざるを得ない。でも大湯の熱い湯の味わいを損ないたくないとの気持ちもあって、可能な限りローインパクトな存在であろうと努めた。

湯上がりは脱衣場に扇風機もなく、夏は拭いても拭いても汗が出るのできりがないが、それもまた共同浴場の風物詩というものだろう。

泉質：ナトリウム - 塩化物泉
源泉温度：45 ～ 70℃

大湯温泉は「開湯800年」とのことだが、縄文時代にもきっとこのあたりには温泉が湧いていて、縄文人たちはストーンサークルの石を運んで汗をかいたあとにでもみんなで浸かったことだろう。

温泉に浸かりたい気持ちはみな同じ。裸になればみな同じ。

共同浴場

川原の湯

大湯の共同浴場はすべて床に十和田石（緑色凝灰岩）が敷かれている

川原の湯
秋田県鹿角市十和田大湯川原ノ湯 37-2
6:00 ～ 21:00　休：第 4 木曜
バス「川原の湯」歩 1 分、200 円

上の湯の横にある温泉井戸。地域住民が自由に利用する。川原の湯の向かいにもある

共同浴場

上の湯

共同浴場

下の湯

上の湯
秋田県鹿角市十和田大湯上ノ湯 27-9
6:00 ～ 21:00　休：無
バス「大湯温泉」歩 2 分、200 円

下の湯
秋田県鹿角市十和田大湯下ノ湯 13-1
6:00 ～ 21:00　休：無
バス「川原の湯」歩 2 分、200 円

コラム

大湯ストーンサークルで

古くからの温泉地へ行くと、「開湯《かいとう》伝説」をはじめとするさまざまな言い伝えや民話・神話が残っている。古い神社仏閣も多い。それだけ温泉というものが昔から人を引きつける場所だったということだろう。現在の住民や私自身もまた引きつけられた人間の一人であると考えると、ちょっとおもしろい。

中には伝説だけでなく物証が残っているところもある。南紀白浜温泉には古墳があるし、道後温泉の近くには弥生遺跡がある。だが大湯温泉の場合は別格だ。縄文時代のストーンサークル、世界遺産である（※1）。

それは丘の上にある。森の中に突如として牧場のように広大な平地が現れ、人の子どもくらいの黒っぽい石が大量に、大きな円を描いて置かれているのが見えてくる。

隣には「ストーンサークル館」があって、出土した土器や土偶などを見ることができるが、上映される解説映像にはあまり中身がない。つまり縄文時代のことはわからないことだらけであると理解できる。ストーンサークルが何のために作られたのか、墓地・祭祀場・集落などさまざまな説があるが、彼らが残したものの多くは現代人の発想を超越していて、事実は謎に包まれている。ただそこに長い年月にわたって多くの人々が集まっていたことは間違いない。

ストーンサークルの丘は、十和田湖火山の火砕流が鹿角（花輪）盆地に流れて形成された舌状台地である。その麓に、八郎が鹿角盆地を堰き止めて湖を造ろうとしたのをいかに食い止めるかを神々が集まって相談したという「集宮」がある。ストーンサークルの北3キロには大湯温泉、南2キロには八郎生誕の地とされる草木集落がある。

私には、これらがどこかでつながっている話のようにも思える。

この地域で最大の恐怖は十和田湖噴火による外輪山の崩壊（火砕流噴出）と、それによって堰き止められた河川の大氾濫、さらに堰き止めた自然ダムの決壊による下流の大洪水だろう。大昔からこの地の人々は荒ぶる大自然に苦労してきたに違いない。八郎が次々に湖を造って大暴れする伝説はその暗喩ではないのだろうか。八郎はなぜ「八」なのか。もしやカルデラである十和田湖の外輪山（鉢）のこと……？

そんなことを考えながら、ストーンサークルから台地上をまっすぐ歩いて大湯温泉へ向かう。ソバの花が満開、桃も実ってのどかな道を45分ほど（※2）。途中、墓地があり仏像が立っていたが、素朴な縄文文化に接した後だけに、それが海の向こうからやってきた外来宗教であることを実感した。

（※1）世界文化遺産「北海道・北東北の縄文遺跡群」2021年登録。

（※2）大湯へは鹿角花輪駅からもバスがあり、環状列石を経由して大湯温泉に行くので便利。十和田南駅のほうが大湯に近いが環状列石は通らない。

コラム

石に打たれた姫

　江戸期の学者・菅江真澄《すがえますみ》は29歳の頃に郷里の三河を旅立ち、おもに陸奥・出羽・蝦夷地など当時の北辺を旅した。47歳頃から死去するまでの28年間は久保田藩（秋田藩）に滞在し、1811（文化8）年には、なんと田屋の湯（→28頁）を訪れている。そのことが「軒の山吹」という書物に記されていることが、田屋の湯にあった市の標柱に記されていた。

　後日、青森駅での時間つぶしに行った市民図書館で、偶然手に取った『菅江真澄 図絵集 秋田の風景』（田口昌樹編、無明舎出版）という本の中に、まさに彼が田屋の湯の周辺を描いた図絵を見つけた。図絵には上のほうに真澄直筆の書き付けがあった（下の色囲み）。

　菅江真澄は、大久保から元木村を経て田屋澤の山に登った。田屋の湯の向かいの、森に包まれた小さな丘が元木山である。「田屋澤」とは、田屋の湯のため池から奥へと続いていた谷のことだろう。

　そして、そこに姥石《おば》というものがあり、かつて柴刈りの女がこの石に打たれて死んだ、と菅江は記している。打たれて死んだとはどういうことだろう。天から石が降ってきて当たって死んだ、との民間伝承もあるようだが……。

　前述の本には編者の註釈として、「姥石とは元木山の中腹にある板碑《いたび》のことではないかと推定される。今は小さな祠の中に板碑がひっそりと祭られていることを知る人は少ない」とある。

　小さな祠とは田屋の湯向かいの宇婆姫《うばひめ》神社のことだろうか。

　板碑とはおもに供養塔として使われる石碑の一種だ。柴刈りの女は、その板碑の角にうっかり頭をぶつけて死んだのだろうか。そこにじっと立っている石碑に？

　伝承として語り継がれ、菅江真澄も訪れ、何百年も経って今なお神として丁寧に祀られているということは、よほどの供養を必要とする、誰が見てもかわいそうな死に方だったようにも思える。たとえば猟奇的な殺人とか……。

　いずれにせよ、その霊を神と祀ったところ、「わらはやみ」（童病み＝マラリア性の熱病、おこり）に効能があったらしい。それに続けて菅江真澄は、その沢の入口に温泉があり、とてもぬるく、塩味で、目を洗うと効果があるが、人々があまり利用しないのが残念である――そのように書いている。

大久保を出て、元木の村を経て田屋澤という処の山に登り～（略）～姥石といふあり。むかし柴折る女の此石にうたれてうせぬ。その靈を神と斎ひわらはやみのをこたる事すみやかなり。その澤口に温泉あり。きはめてぬるし。味滷して眼あらふにいとよけん、人のもてはやさぬそねたき。

第3章

ほそ道の果てで

太平洋側からでも日本海側からでも、北へ北へと向かえば必ず津軽海峡にぶつかる。そこは本州の尽きるところ。

明治になって、律令以来の広大な陸奥・出羽が7ヵ国に分割された時にも、現在の青森県域だけは「陸奥」という国名が踏襲された。そこはやはり「奥」であったのだろう。

東北の他県と同様に豊富に温泉が湧くが、どういうわけか他県とは異なり、個人経営の一般公衆浴場（銭湯）のかたちをとる施設が多い。そしてそこには、温泉地の共同浴場とはまたひと味違う楽しさが広がっている。

浪岡駅前温泉

土砂降り雷雨の極楽黒湯タイム

突然の土砂降りだった。その名の通り駅からほんの4分だが、傘をさしていてもずいぶん濡れた。しかも営業時間を間違えていて、ロビーで1時間も待たせてもらうことになった。

その間、おかみさんは軽やかにてきぱきと浴室を掃除し、自販機の取り出し口まで丁寧に拭いていた。

「45年ほど前に父親が温泉を掘って開業して、35年前に今のに建て直したよ」

それを引き継いでいるそうだ。

「客はほとんど地元の人だね。でも今日は雨でどうなるか」

営業開始直前、本降りの中をもう一人の女性スタッフが出勤してきた。おかみさんのいとこで、腰がずいぶん曲がっているけど優しいおばあさん。

いよいよ時間となって、さっそく一番風呂をいただいた。お湯はタイルが黒いので真っ黒に見えたが、薄めのコーヒーくらい。これがまたなんともまったりと肌にやさしく、温度もドンピシャでずっと入っていられそう。

だが雨はますます激しく屋根を叩き、怒り狂うような雷鳴までとどろきはじ

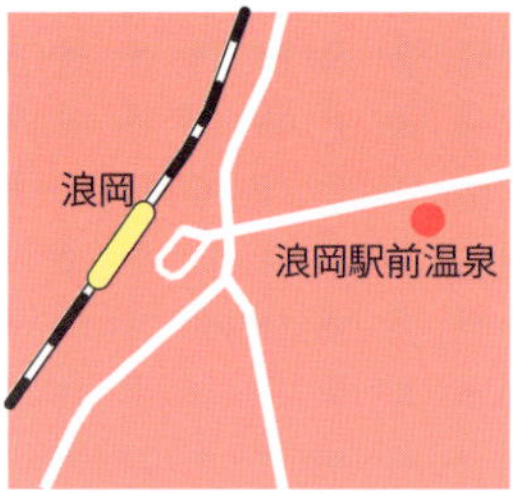

大きなライオンの湯吐き口から出た湯が気泡を連ねて流れる

めた。さすがに客は来るまいと思ったが、なんと、かなり高齢の客がゆっくりとした動作で入ってきた。

「おはようございます。雷ですね」

「ああ降ってるよ、台風だっちゅーもの」

こんな嵐の中、お互い素っ裸で湯気に包まれてノホホンと同居しているのは不思議な縁というか、勝手に同志のような気持ちがした。これも風呂のおもしろいところ。

ロビーでアイスを食べても雷雨はやまず、また傘をさして外へ飛び出した。

泉質：アルカリ性単純温泉
源泉温度：41℃

住所　青森市浪岡大字浪岡細田 87-14
TEL　0172-62-7879
時間　9:30 ～ 22:00
休　無休
料金　￥350
交通　奥羽本線「浪岡」歩 4 分

森田温泉

ママゴトの場所から湧いた津軽のちいさな素朴湯

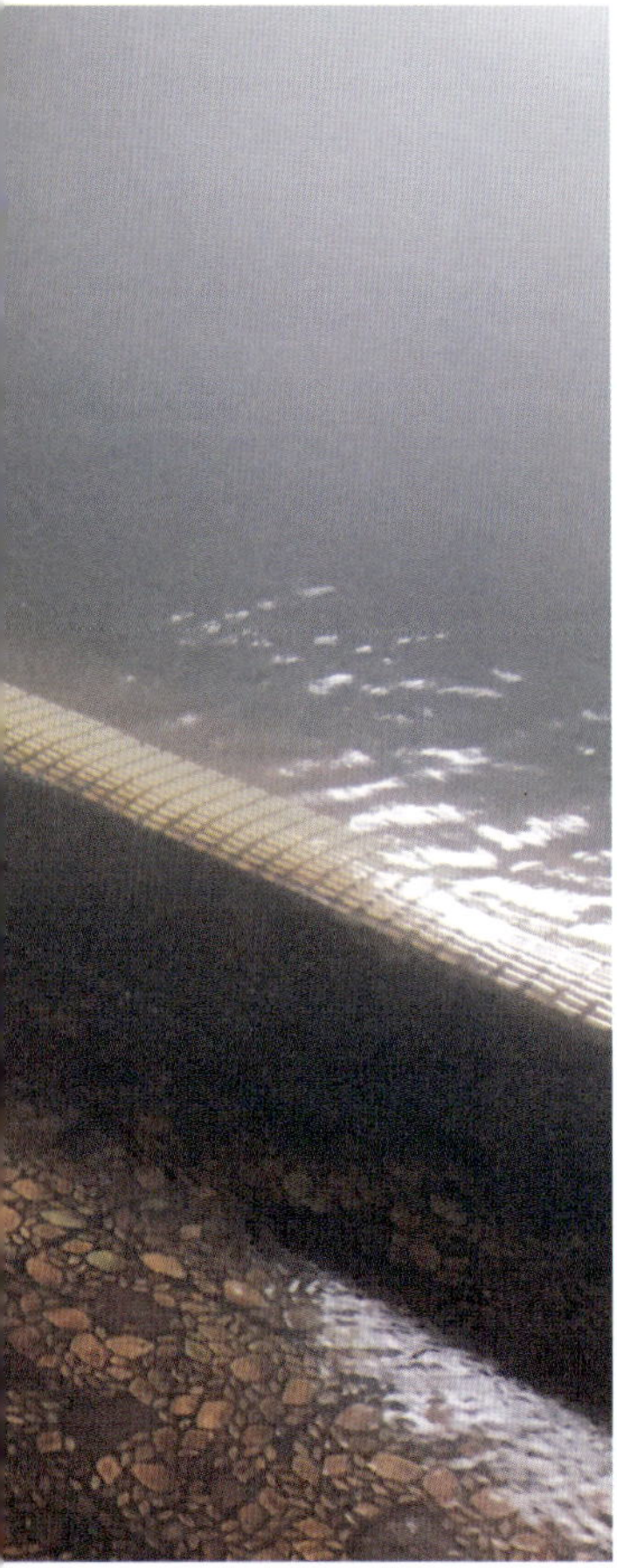

森田温泉を訪ねたのは年末のことだった。五能線の車窓は、見渡す限りの雪原が強風にあおられて地吹雪になっており、雪女が泣き叫びながら追いかけて来るような、嫌な感じの風音が絶え間なく鳴り響いていた。えらいところに来たと私は思った。

森田温泉は陸奥森田駅を降りてすぐのところにある。プレハブ的な簡素な建物だが、中に入るとアットホームな温かさに満ちていた。

小さな浴室内は湯気に包まれていた。湯船からじゃんじゃん溢れる湯が、木の葉型タイルのびっしり張られた床を必要以上に洗い、その成分で全体を茶色く染めている。カランからは山の水場のように源泉が出続け、先客の爺さまがそこで体を洗っていた。

湯に浸かると硫黄が香り、塩気と酸味を感じる。上がった後は汗が引かず

以前は自動車工場だった

浴室の床にびっしり貼られた木の葉形のモザイクタイルが、温泉に着色されて美しく輝いている

困るほど。私はこの小空間に充満するオーラになかば呆然とし、「究極の小さな素朴湯だ」と感じた。

もともと自動車工場を営んでいた一角に妙に温かい地面があり、経営者の娘はそこでママゴト遊びをしていたという。1971年頃に家族用の風呂にとそこを掘ったところ温泉が勢いよく噴出。聞きつけた人々がどんどん入りに来るようになり、温泉施設にしてくれと言うので1年後に開業した。

原初的な姿のまま半世紀を経た、ピュアな温泉浴場だ。

泉質：ナトリウム - 塩化物・炭酸水素塩泉
源泉温度：42.5℃

住所　青森県つがる市森田町森田月見野 110-2
TEL　0173-26-2211
時間　12:00 ～ 20:00
休　火・水
料金　￥350
交通　五能線「陸奥森田」歩 3 分

油川温泉《あぶらかわ》

陸奥湾の岸辺にある
味わい深い温泉銭湯

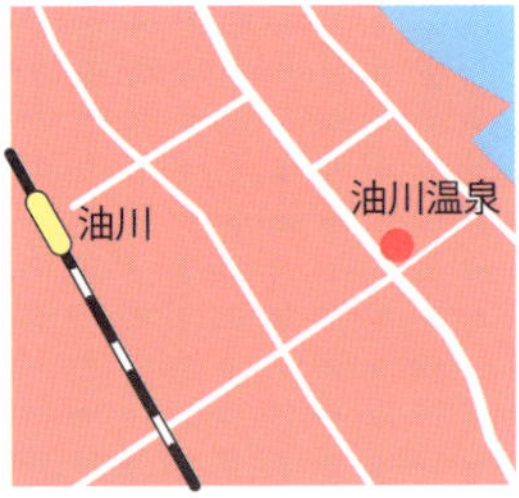

湯が岩から落ちる。脱衣場も浴室も女湯のほうが広い

青森から津軽線で1駅目「油川」で降りた。駅から数分歩いた国道沿いに油川温泉がある。

裏手はすぐに陸奥湾だ（↓43頁）。日が暮れないうちにと行ってみたら、思いのほか遠くまでくっきりと見えて驚いた。

油川温泉の玄関戸をひいて中に入る

交差点の信号が変わるたびに異なる表情を見せる油川温泉。夕焼けに照らされた姿も郷愁感をさそう

と、木製の古い下駄箱があり、盃のような逆傾斜のついた珍しい大型番台におかみさんがいる。脱衣場も昭和の風情がそのまま残され、地方色豊かで味わい深い。

浴室は、これぞ銭湯アートと言いたくなるカラフルな空間だ。奥壁には海岸風景のタイル絵が大きく描かれ、湯船は2枚の扇を重ねた形。大きな岩の上から落ちてくる湯は25度の源泉がちょうどよい湯加減に沸かされている。

出入り口の横に一人用のステンレス水風呂があり、ひんやりとした源泉が贅沢にじゃんじゃん溢れている。その横にある乾式サウナには新しいスノコが敷かれて、いい香り。あとでおかみさんに聞くと、ご主人が自分で作って据えたそうだ。

帰路、近くのバス停に石碑と案内板があった。油川は中世から羽州街道と松前街道の分岐点として栄えたが、明治になって少し手前の新城から青森への直通道路ができて寂れたらしい。たしかに弘前方面から最短距離で陸奥湾を目指すと油川で海に出る。さっき見た浜が、かつては本州と蝦夷地との文明交差点だったとは。古い銭湯はえてしてそんな場所にある。

泉質：単純温泉
源泉温度：25℃

住所　青森市油川大浜 102
TEL　0177-88-3008
時間　13:00 ～ 21:00
休　月曜日
料金　￥450
交通　津軽線「油川」歩 6 分

玉勝温泉

黄金色に輝いて流れる昭和ど真ん中の温泉銭湯

青い森鉄道に乗って「上北町」で降りた。歩いてすぐに玉勝温泉が見える。おや、向かいに「別館」がある。風呂上がりの常連のおじさんに聞くと、1泊2500円だという。「ここに泊まるといいよ、ただみたいなもんだから」……そうすればよかった。しかも入浴料は青い森鉄道のフリーきっぷ割引で170円に。すべてがありがたい。

ロビーは広々としてレトロムード満載。畳の休憩スペースがあって、子どもの乗り物マシンが3台も並んでいる。そして脱衣場に流れる演歌。昭和ど真ん中である。

浴室の戸を開けるや、温泉のいい香りに包まれる。真ん中に大きな湯船がドンとあり、タイルの色との相乗効果で飴色に輝くモール泉がひたひたと満ちて溢れている。壁面は窓が大きく取られ、陽光が全体を金色に染めて、こぼれるような神々しさだ。

手前の湯船に「超音波流水器」という青い器具がある。はじめて見るものだが、そこから流れ出る水が光を反射して、渓流のような一瞬の造形を無限に生み出している。その複雑な波紋に

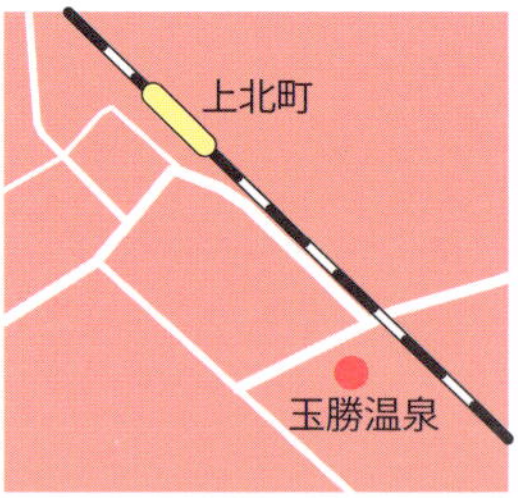

懐かしい乗り物が3台、現役だ

身をゆだね、やわらかな湯に体の隅々を撫で回されるがままとなる。
サウナや水風呂、打たせ湯もあり、常連客らはそれらを念入りに往復している。こりゃみんな長風呂だろう。
もとは向かいの別館で銭湯を営んでいたが、兼業していた製材所が倒産。燃料の廃材調達に困った時、突然に掘削業者が現れて「温泉を掘ってみないか」と提案され、掘ってみたら湧いた。向かいの土地に玉勝温泉を建てて開業したのは1983年のことだそうだ。

泉質：アルカリ性単純温泉
源泉温度：47.5℃

住所 青森県上北郡東北町上北南 1-31-1088
TEL 0176-56-3007
時間 5:00 ～ 22:00
休 無
料金 ￥220
交通 青い森鉄道「上北町」歩 4 分

姉戸川温泉

圧倒的な量のヌルヌル湯がドバドバと落ちてくる

小川原湖（↓84頁）は「おがわら」と読むが、小川原駅は「こがわら」と読むらしい。その駅のホームから手の届きそうなところに姉戸川温泉が見えている。あまり商売気を感じさせない風貌だ。ロビーも公衆浴場というより旅館的といおうか、営業を始めた50年ほど前のままといったおもむきで、やや薄暗い。

ところが浴室に入るや印象が一変、これは豊穣の光景だ。窓の大きな明るい空間の中央に大きな湯船があり、そのいちばん奥の端で上空から湯がドバドバと滝のように落ちている。パイプがそのように配置されて打たせ湯になっているのだ。先客のおやじが湯の中に立って、首を打たれ、腕を打たれている。

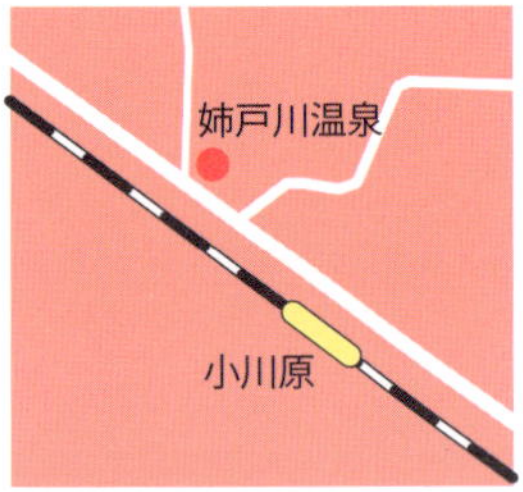

湯船のフチは粗い砂利を固めた洗い出しで、うす茶色のモール泉は体温よりやや高い程度、38度くらいか。アルカリ性のヌルヌル感が半端ではない。投入される湯量の多さも圧倒的。高温の温泉だとこんなに注ぐと熱くて入れなくなってしまう。

小川原駅ホームから見る姉戸川温泉（右端の三角屋根）

湯船の縁に後頭部を乗せて目を閉じると、瞬時に眠りに落ちそうになる。そしてこの大量の体温的なお湯がわが身を通過して溢れて流れ去る夢を見て、なにか地球の仕組みの真理がわかったような気分になる。いかん、これはアブナイ魔法風呂だ。

すっかりふやけて上がると、フロントにほがらかなおかみさんがいた。いろいろ話しつつグズグズしてたら列車の時刻ギリギリ。あわてて走ったけど、目の前なので全然余裕だった。

泉質：アルカリ性単純温泉
源泉温度：38.2℃

住所　青森県上北郡東北町大浦中久根 92-1
TEL　0176-56-3529
時間　9:00 〜 20:00
休　無
料金　￥300
交通　青い森鉄道「小川原」歩 2 分

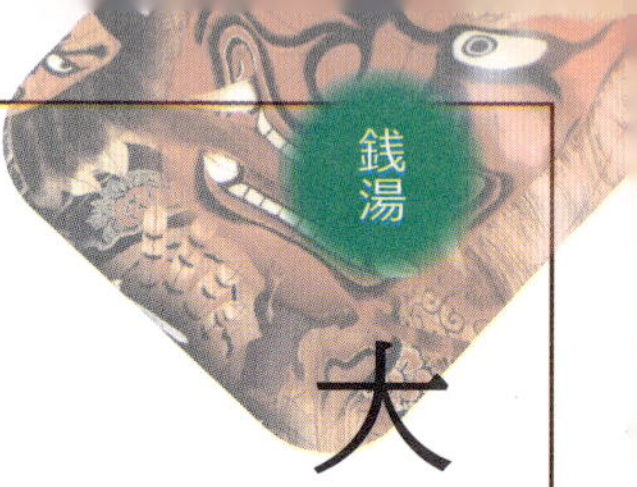

大黒湯

温泉だらけの地に残る正統派の新沸かし銭湯

三沢駅から路線バスで十和田市へ。かつての十和田観光電鉄線の代替となるバス路線、たぶん十和田市への公共交通のメイン路線かと思われるが、グーグルマップの経路検索に出て来ず、行き方を突き止めるのに手こずった。三沢駅からはほぼ1時間おきに出ている。

鉄道はないが、十和田市中央はアーケードや立派な文化施設もあってなかなかの地域中心都市だ。10分ほど歩くと太くて土色の煙突が見えた。温泉だらけの地にあって、温泉でない井戸水沸かしの純粋銭湯だ。電光掲示板でブラックシリカ（北海道産のミネラル鉱石）の効能を高らかに謳い上げている。

暖簾をくぐると昔ながらの番台式。浴室は奥に湯船がある東日本の伝統的な銭湯スタイルだ。湯船にはビールケース大のラックがいくつも沈められている。先客のおじさんに「この箱は何ですか?」と聞くと、「ブラック……えーと、これだ」と言って沈んでいた洗濯ネットを拾い上げた。中に真っ黒な石がいくつも入っている。これぞブラックシリカ、こんなに大量に沈められているのは初めて見た。

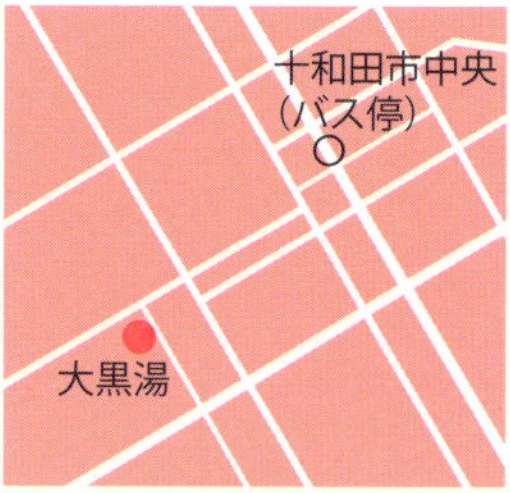

「ここは湯が熱めだし、のんびり入れるから、よその温泉が混む日曜日に来るんだよ。銭湯はいまや貴重だしね」

手前に一人用のステンレスの水風呂があって水が溢れている。浴槽内に突っ込まれたホースから出っぱなし、入るとザバーッと大洪水だ。乾式サウナはバスタオルが使い放題。水風呂ザバーンを何度か繰り返し、堪能して上がる。

男湯の脱衣場に店主の中山隆さんがいて、番台には妻の敦子さんが座る。

中山隆さん（左）と敦子さん

ステンレス製の水風呂、これが最高！

二人とも明るい人柄で、見るからに仲が良さそう。「52年前、私が3歳の時にばあちゃんが始めたんです」（隆さん）。現在の建物に改築した父親が2007年に急に病気で亡くなると、当時会社員だった隆さんは周囲から「早く風呂をやれ、まだか」とさんざん言われて、会社を辞めて継いだそうだ。

帰り際に、紙パックの野菜ジュースをいただいた。うん、温泉だろうがなかろうが、こういう銭湯がまちには必要だ。あとバス路線のわかりやすさも。

住所　青森県十和田市西十三番町 26-1
TEL　0176-23-1608
時間　14:00 ～ 21:00（日曜 12:00 ～ 21:00）
休　月曜日
料金　￥390
交通　青い森鉄道「三沢」→十和田観光電鉄バス「十和田市中央」歩 10 分

六戸温泉

ひんやり源泉でエンドレスサマー

六戸町民バス（運賃一律100円）のターミナル「中央待合所」に着いたら細かな雨が降っていた。徒歩圏内に温泉施設がいくつか集まっている。傘をさして六戸温泉へ。手前に旅館があり、奥に公衆浴場がある。

浴室には真ん中に湯船がドンとあり、左右と奥壁にカランとシャワー。青森県でよく見る配置だ。

でも驚いたのは、湯船は2槽に分かれているのだが、手前は40度くらいのぬる湯、そして奥は熱いのかと思いきや、なんと水風呂だった。といっても30度くらいかな。奥の隅に三角の小さな浴槽があり、そこだけが熱めで43度くらい。少し塩分を含む湯だ。

それにしてもこの真夏に、この広々とした水風呂の嬉しさよ。ぬる湯との交互入浴で体が徹底的に甘やかされる。外の雨が激しくなり、バリバリと雷鳴がとどろく中、甘やかされてふやけ続ける私の体。おもろすぎる。

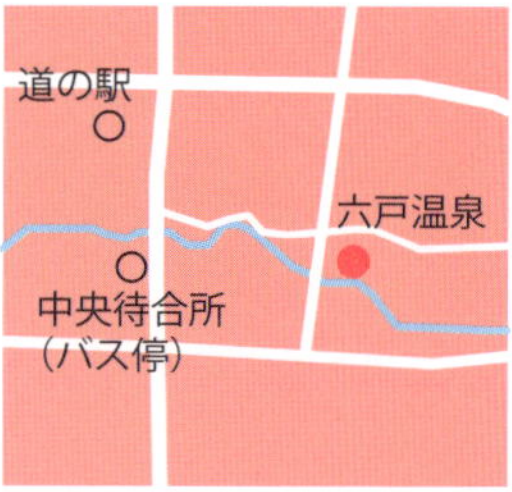

屋号の突出が豪快な六戸温泉の外観

フロントのおかみさんに「水風呂がやばい、エンドレスですね」と言うと、温泉の管が30度と46度の2本あるとのこと。冬は隅の小浴槽を水風呂に、真ん中を熱い湯にするそうだ。

「雨だから空いてるかと思いました」

「農作業がないからか、今日はみんな来てくれてますね。いつもは農作業が終わって夕方から来ます」

なるほど、ここの人々は「晴耕雨湯」なんだなぁ。

泉質：単純温泉／ナトリウム - 塩化物泉
源泉温度：30℃／ 46℃

住所　青森県上北郡六戸町犬落瀬押込 93-4
TEL　0176-55-2126
時間　8:00 ～ 22:00
休　無
料金　￥350
交通　青い森鉄道「三沢」→六戸町民バス「中央待合所」歩 5 分

コラム

列車とバスの旅

私の旅はもっぱら鉄道と路線バスの公共交通利用だ。クルマに比べて何かと制約が多い。

まず時間に縛られる。地方のローカル線は数時間に1本、路線バスになると日に1本か2本なんていうこともある。そもそも路線バスがいつどこをどう走っているかを把握するのはかなり難儀だ（グーグルマップの「ルート・乗り換え」検索で出てこない路線バスはいくらでもある）。ネコバスを待つ幼い姉妹のように、日が落ちて人影のないバス停で雨に濡れながら「本当にこんなとこにバスなんて来るのだろうか」と不安に駆られるのはいつものこと。

しかも、ただでさえ少ないそれらの路線は年々、廃止・縮小されている。必然的に歩く距離が長くなる。炎天下、うなりを上げて近づく大型トラックが砂埃を巻き上げながらビュンビュン走る横を歩き続けるのはなかなかの苦行だ。

その結果どこへ行くにも時間がかかり、1日の行動範囲はごく限られざるを得ない。また目的の店が臨時休業だった場合など、クルマのように「じゃ、あっちへ」と方向転換も難しい。

極めつけは列車の運休。数時間に1本の列車が運休したらもう予定は崩壊。改札を通ろうとして「いま運休が決まりました」と止められ、「どこまで行くんですか?」と聞かれて「〇〇です」と言うと、「それでしたら△△まで路線バスで行って、そこからタクシーか何かで行くしかないですね」と教えてくれる親切な駅員さんもいた。

つまり最初からクルマなら、これらの事態はすべて起こらない。よほどのことがない限り、好きな音楽をかけておにぎりを頬張りながら予定通りに移動できるだろう。

クルマ圧勝。

では何がおもしろくて公共交通の旅なのか。

一つには、私が乗ろうが乗るまいが、列車もバスもそこを走っているという点。走っているものに便乗すれば、いわばその移動に関しては新規のエネルギー負荷ゼロだ。ほう、そんなところを走ってますか、ホナちょっくら乗せてんかと。

二つ目として、そこには乗り物を「走らせてる」人と「乗せてんか」の私という関係性ができる。そして「乗せてんか」は私だけでなく、ほとんどの客は地元民。彼らと私とは、時間と空間と、公共交通の不便さを共有する同志である。旅は道連れ的な関係ともいえる。

ここまで書くとお気づきかもしれないが、公衆浴場の楽しみと少し似ているのである。風呂を用意してくれる人がいて、そこにある湯に地元の人々と浸かる。知らない人なのに、裸で同じ湯に浸かって、なんとなく同志。この感覚、わかるよね。

あ、一つ忘れてた。

三つ目、飲みたいときにビールを飲める。

第4章

奥羽の山を越えて

南北に長い東北地方の真ん中を背骨のように貫く奥羽山脈は、火山の連なりだ。地下でため込まれたその沸々としたエネルギーは、地下水脈を熱して山脈の東西各所で地上に噴き上がる。
その熱せられた背骨に沿って南へ下った。

鳴子温泉

一片のヒバの板きれとなり
漂うように行き来するのみ

はじめて鳴子へ行ったのはいつだったろうか。名古屋からフェリーに乗って仙台港に着き、たまたまバス乗り場で知り合ったおじさんに薦められてなんとなく行った。駅からこけし像の並ぶ坂道を5分ほど歩いて滝の湯を見つけ、とりあえずひとつ風呂と気軽に中へ。そして服を脱ぎながら浴室を見た瞬間、私の頭にあった「駅前5分の風呂屋」という先入観は消し飛んだ。

　総ヒバづくりの浴室に細く差し込む怪しい光。窓から突っ込んでくる4本の太い丸太と、くりぬかれた孔から湯が降り注ぐ異様な光景。充満する硫黄の香りと、湯船の縁から溢れては床板に波紋を描きながら流れ去る白濁湯。カランもシャワーもない。私は唖然とし、「これは本物だ……」と心中でつぶやくのが精一杯だった。

　東北の温泉というと「秘湯」という言葉が思い浮かぶ。酸ケ湯、高湯、銀山、乳頭、蔵王……いずれも山深い峡谷に

あって、それがゆえに憧憬の対象だ。

ところが鳴子の滝の湯ときたら駅前5分である。この春に値上げしたとはいえ300円である。旅の途中に、何の躊躇もなくヒョイッと立ち寄れる。近所の人たちも気軽に利用している。でありながらこの空間には、世俗の次元から離れた「本物」オーラが濃く漂っている。

今回も滝の湯へ。最初は先客1名と空いていたが、時間とともに増え、最終的には狭い空間に7〜8人にもなった。地元の高齢者も観光客もごちゃ混ぜだ。

その中で私は一片のヒバの板切れとなり、漂うように熱い湯船とぬるい湯船を何度か行き来する。肌触りがふわふわする酸性の湯。ぬるいほうの湯船では両腕をヒバ材の湯船縁に乗せ、その上に顎や頬を乗せて、落ちてくる滝を首筋のツボに直撃させる。薄く目を開けると、溢れた白い湯が私の眼球から2センチほどのところをユラユラと流れていく。酸っぱい湯の吐息を感じる。そんな私を、よその子どもが横から見ている。私はこの空間でこうしていられることにしみじみと幸せを感じた。

滝の湯の源泉は温度の異なる２種類。裏手にある配湯設備から、男湯へ４本、女湯へ３本の丸太が差し込まれ、その中を湯が伝う

滝の湯は白濁湯とよく言われるが、じつは日によって透明になることもあるらしい。何がどう作用してそうなのかはわからない。大地には大地の事情があるのだろう。小さき人間はただ心を無にして身を任せるのみである。

共同浴場

滝の湯

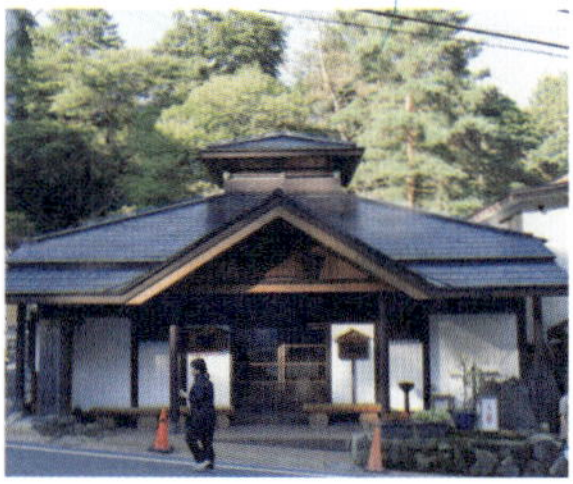

滝の湯
宮城県大崎市鳴子温泉湯元 47-1
☎ 080-9633-7930
7:30 ～ 21:00
休：無　￥300
陸羽東線「鳴子温泉」歩５分

滝の湯の近くにもう1軒、**早稲田桟敷湯**という共同浴場も外来者に開かれている。こちらは1948年、地質学と鉱山学の実習に来た早稲田大学の学生たちが掘り当てた。1998年に早稲田大学名誉教授の建築家・石山修武《おさむ》氏によってデザインされたユニークな施設だが、今回は改修工事中だった。またの楽しみにしておこう。

9世紀の「続日本後記」に記録がある古湯。泉質や湯温は多彩で、浴場や宿ごとに異なる。種類の豊富さ・源泉数の多さは日本有数。

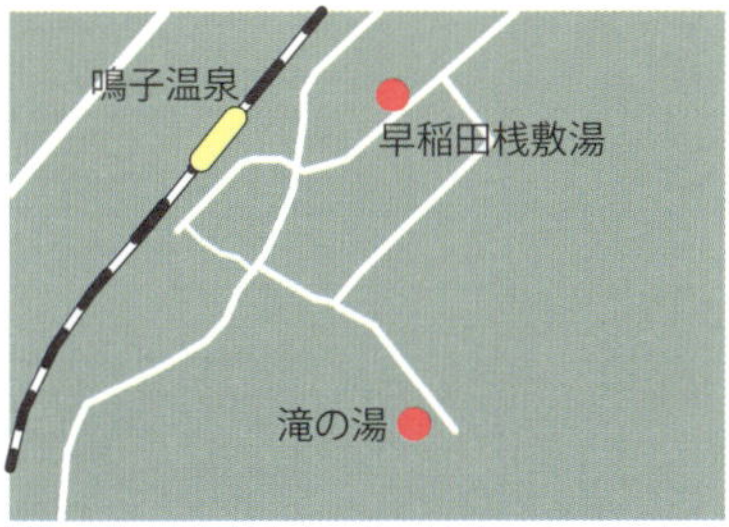

共同浴場

早稲田桟敷湯

上写真は屋外にある配湯マス。
2024年11月1日に再開予定

早稲田桟敷湯
宮城県大崎市鳴子温泉新屋敷124-1
☎ 0229-83-4751
9:00～21:00　休：無　￥550
陸羽東線「鳴子温泉」歩3分

共同浴場

川渡《かわたび》温泉浴場

「入るんですか、48度に！」
「子どもの頃から入ってっから」

鳴子温泉から二つ仙台寄りの「川渡温泉」で降りた。田舎ののどかな道を歩いていくと江合川に出る。それを渡ると川渡の集落があり、魚屋さんの角を曲がったところに川渡温泉浴場が見えた。

通路のように狭い下足場と脱衣場だ。その先に湯船一つの素朴な浴室があり、常連らしき先客が一人、体を洗っている。硫黄の香りが充満し、湯船にはウグイス色の湯が満々と溢れている。湯はぎんぎんに熱い。46度を超えているかもしれない。先客に「熱いですね！」と言うと、今日はぬるいほうだ、と言う。「こないだまで暑い日が続いてたから、47～48度あった」とのことだ。

「その日の天候なんかによって、温度も色も変わるんだよ」

「48度もあったら熱くて入れませんね」

「んだ」

「そういう時はどうするんですか？」

「俺は入るよ」

「入るんですか、48度に！」

「んだ。子どもの頃から入ってっから」

我は海の子、ではないが、まさにお湯の子だ。おそるべし。

小さな空間だが天井が高いためさほど狭さは感じない。湯船に白いものが舞っている。先客が「湯の花だ」と言う。「日によって黒いのが混じることもあるし、大きめのやつが舞ってたり」

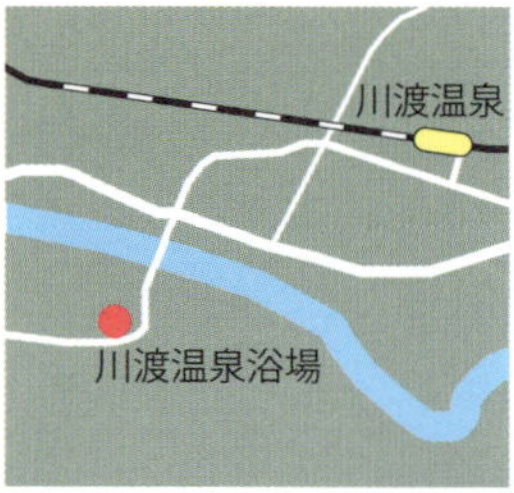

湯を出てカランの水をかぶっては、また浸かる。それを3～4度繰り返して、のぼせないうちに上がることにした。相客はまだ頭を洗ったり、歯を磨いたりと長風呂を楽しんでいた。

川渡温泉浴場。表のベンチで 10 分休んでも汗がひかなかった

泉質：含硫黄ナトリウム炭酸水素塩泉
源泉温度：54℃

住所 宮城県大崎市鳴子温泉川渡 25-29
TEL 0229-84-7002
時間 9:00 〜 17:00（月・金は 13:00-17:00）
休 水曜日
料金 ￥300
交通 陸羽東線「川渡温泉」歩 22 分

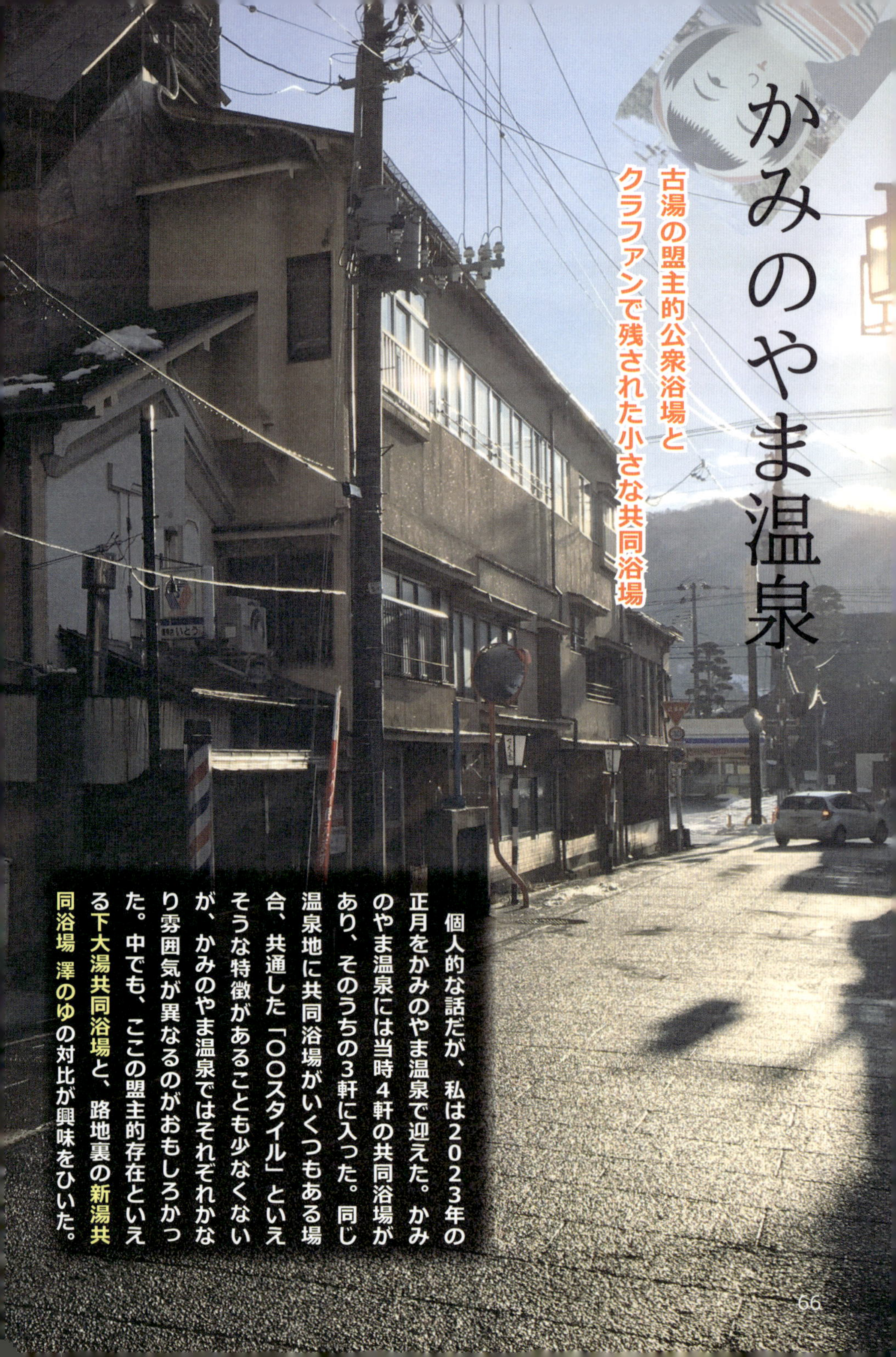

かみのやま温泉

古湯の盟主的公衆浴場と クラファンで残された小さな共同浴場

個人的な話だが、私は2023年の正月をかみのやま温泉で迎えた。かみのやま温泉には当時4軒の共同浴場があり、そのうちの3軒に入った。同じ温泉地に共同浴場がいくつもある場合、共通した「〇〇スタイル」といえそうな特徴があることも少なくないが、かみのやま温泉ではそれぞれかなり雰囲気が異なるのがおもしろかった。中でも、ここの盟主的存在といえる**下大湯共同浴場**と、路地裏の**新湯共同浴場 澤のゆ**の対比が興味をひいた。

下大湯は道沿いに大きく目立つ建物で、「開湯４００年」の幟が誇らしげにはためき、斜め向かいにはこの温泉地の由来を示す巨岩があったりもする。中に入ると、湯気の立ちこめる広い浴室の大部分を占める湯船の大きさとその湯量、そして湯の熱さに圧倒される。さらに伝統的な名物ともいえるのが「洗髪札」の存在だ。髪を洗う場合、入浴料とは別に洗髪料を払ってその木札をもらうのだが、やたらと大きいそれにはカランの蛇口栓が紐でぶら下げられている。洗髪料を支払った人はその巨大な札をデンと立てかけることでカランの水をほしいままに使う権限を手にする。まことにローカルな、温泉公衆浴場ならではのユニークな出会いだ。

一方の澤のゆは、通る人もめったにない路地からさらに狭い路地を曲がったところにある。たまたま通りかかることはまずない立地。ガラスブロックで囲まれた明るい浴室にはかわいらし

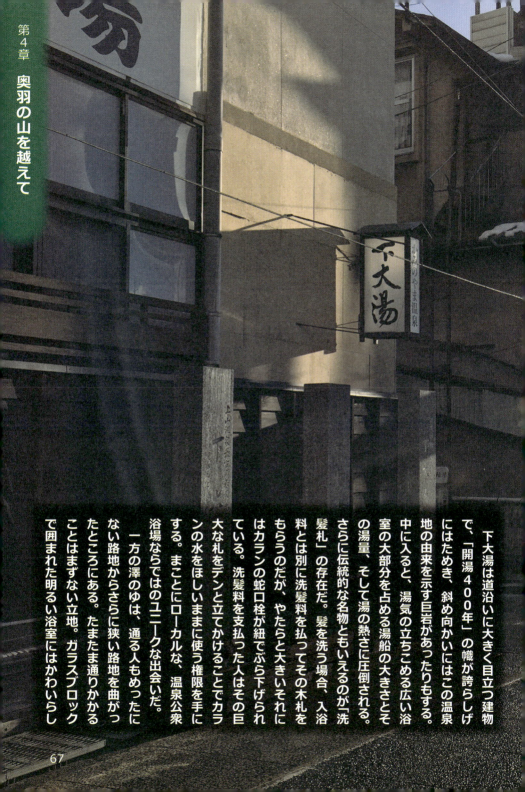

いまん丸のコンパクトな湯船が口を開けている。そして下大湯の逆を張るように、お湯は適温、カラン使用自由、ボディーソープやシャンプー備え付け。なにやら新しい手が入っている。そういえば玄関や廊下の床や壁の板も新しく張り替えられてツルツルだった。

あとで調べると、1922（大正11）年創業の澤の湯は、運営者の高齢化や入浴者の減少による慢性的な赤字などから100周年を目前にして2020年に閉鎖。そのまま解体される方向となった。そのとき、地元の「NPO法人かみのやまランドバンク」という地域活性化グループが待ったをかけ、2022年4月にクラウドファンディングで目標額300万円を達成するなどの存続活動を経て再生したということだ。

番台にいた管理人さんによると、お湯の温度は41度に設定しているそうだ。やわらかくやさしい湯をじっくり

共同浴場

新湯共同浴場　澤のゆ

本書カバーの湯船も澤のゆ

新湯共同浴場　澤のゆ
山形県上山市新湯 5-13
☎ 0236-65-5222
15:00～21:00（日祝 10:00-21:00）
休：火・木　￥350
奥羽本線「かみのやま温泉」歩 13 分

と味わえる。年越しの時は満員御礼だったが、今回はたまたま相客がおらず、体を伸ばしたり裏返ったり、心ゆくまで堪能した。

　歴史ある温泉地にある共同浴場は昔ながらの銭湯と同様にどんどん減少している。だが扱い方や見せ方を少しアップデートすることで、その潜在的な価値が蘇りもする。そこに気付いて力を注いでくれた人たちのおかげで、こんな旅も楽しめるのだ。

泉質：ナトリウム・カルシウム - 塩化物・硫酸塩泉
源泉温度：平均 66℃

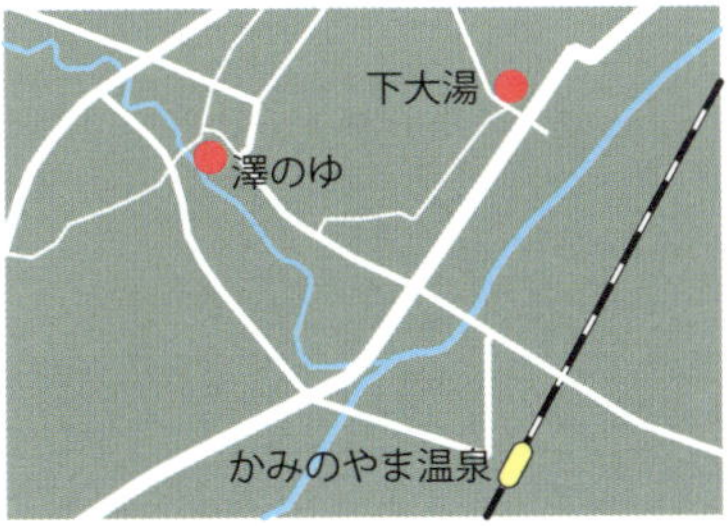

共同浴場

下大湯共同浴場

下大湯共同浴場
山形県上山市十日町 9-30
☎ 080-7734-3101
🕒 6:00 ～ 22:00
休：無　￥150
奥羽本線「かみのやま温泉」歩 15 分

コラム

地酒とともに

私はまったくグルメではないし、名物的なものにもさほど関心がない。旅行中も日中は駅の立ち食いそばやパンなどで適当に腹をごまかして済ませる。でも夕方風呂に入った後は、その地の庶民的な安居酒屋で呑むのが好きなので、そういう場所で「オッ！」と思うものに出会うことがちょくちょくある。とくに東北地方では初めてのものを口にする機会は少なくない。

本書に掲載した「ちいさなまち」でいえば、あつみ温泉（→18頁）の湯上がり、川沿いで赤ちょうちんを出していた焼き鳥屋で**「庄内アナゴ」**なるものをメニューに見つけた。この地方の「夏の風物詩」らしい。

「これをください」と言うと、店主は「はい、でもアナゴじゃありませんよ」と言う。じゃ何なのだ？

「クロヌタウナギという深海魚で、驚くとヌルヌルした物体を体から出して敵を撃退します。これを捕る漁師が減って貴重になってますが、このへんの人はみんなこれが大好きですよ」

少し不気味だったが、それを炭火で焼いてもらった（下右）。皮はパリッとして、丸ごと食べられる。なんらかのエキスが凝縮されているような濃さがあり、おいしいのかどうかにわかに判断できないながらも、炭火によるわずかな苦みもアクセントとなって地酒が進んだ。

宮古では、福島湯（→96頁）の向かいにある「浜ゆう」という磯料理の店で、三陸名物ホヤとともに**「ドンコの肝たたき」**なるものを味わった（下右）。新鮮な魚の甘みが生姜醤油で引き立ち、すっきりとした地酒にまあ合うこと。

旅の最後にいわきの居酒屋で、壁に貼られたメニューに**「はじき芋」**とあったので頼んでみると、こんなのが出てきた（下左）。「はじき」とは小さくて売り物にならず、商品からはじかれた里芋のことのようだが、味噌をつけて、素朴な味わいが地酒のアテにぴったりだった。

第5章

阿武隈の麓で

東北地方最南端の福島県域は、東京上野から郡山まで新幹線でわずか1時間14分で着いてしまうので、みちのくというイメージは持ちにくい。でも古代にはそこで中央政権と蝦夷《えみし》たちとの熾烈なせめぎ合いがあった。そして古い言い伝えとともに、あちこちで熱い湯が湧いている。

旅の締めくくりは、いちばん近くのみちのくで、ゆっくりと疲れを癒やしていこう。

飯坂温泉

温泉電車に乗って行く アツイ共同浴場の聖地

新幹線とJR線の大きな福島駅の影に隠れるように、小さな福島駅がちょこんとくっついている。1本のホームの右側に福島交通飯坂線、左側に阿武隈急行と、別々の私鉄の電車が入ってくるユニークな駅だ。飯坂線は9キロちょっとのミニ路線で、終点は飯坂温泉。まずもって、温泉へ行くためのローカル鉄道が存在していることがなんだか嬉しくなる。道後温泉のぼっちゃん列車をふと思い出す。朝8時半、右側に到着した電車からけっこうな数の通勤通学客が降りてきた。そ

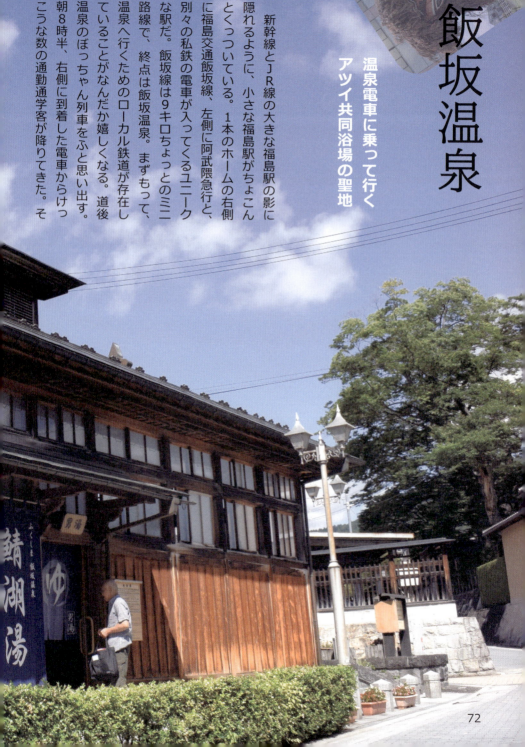

れに乗り込むと車内に温泉の暖簾がかかっている。じつにいいねぇ、今から参ります。

電車は23分で飯坂温泉に到着。駅前に芭蕉の銅像がある。芭蕉は飯坂で温泉に浸かったのはいいが、借りた宿は土間にむしろを敷いただけの貧家で、灯りもなく、蚤や蚊に悩まされ、おまけに持病の悪化もあって最悪の一夜を過ごしたことが「おくのほそ道」に記されている。最悪の場所に自分の銅像が建つ未来をよもや想像もしなかっただろう。

ヤマトタケル伝説にも登場する古湯

だけあって、熱い湯があちこちから湧き、今も9ヵ所の共同浴場が徒歩圏内に点在して外来者を受け入れている。

切湯は川沿いの道路端から、川の斜面の急階段を降りて、隣の廃業ホテルの地下部分へもぐり込んだ場所にある。駅近ながら、とんでもない秘湯感だ。階段の途中に受付の小屋があり、愛想のよいおばちゃんがいる。

小さな浴室は川の土手っ腹に掘られた秘密の横穴洞窟のようだ。流れる川面が窓の外すぐそこ。源泉が熱すぎるため、ほとんどパイプで逃がされている。くせのないさらっとした湯。あがりしなにホースの水を全身にかけて冷やしたのに汗がひかない。

さて、飯坂温泉のシンボルともいえるのが**鯖湖湯**だ。平安期に編まれた「拾遺和歌集」に「さばこ」として出てくる飯坂温泉の代名詞であり、芭蕉が入ったのもここことされている。現在の鯖湖湯は1993年に明治時代の共同

共同浴場 切湯

切湯
福島市飯坂町湯野切湯ノ上 5
☎ 0245-42-5223 🕒 6:00 ~ 22:00
休：月曜日　¥200
福島交通「飯坂温泉」歩 4 分

右が道路、赤い屋根が受付。その左側の狭い階段を下る

共同浴場
鯖湖湯

浴場を忠実に再現したもの。建って30年ほどだが、この美しい木造建築物が発するオーラからは設計者の信念と職人たちの気合いを感じざるを得ない。脱衣場と浴室は素通し、風呂場にはカランも何もなく、今ふうの使い勝手は一顧だにされていない。ただ御影石の湯船からひたひたと熱い湯が溢れ続けるばかり。熱に体を慣らしながらゆっくりと沈み、高い天井を見上げて深いため息をつくばかり。

泉質：単純温泉
源泉温度：58.5℃

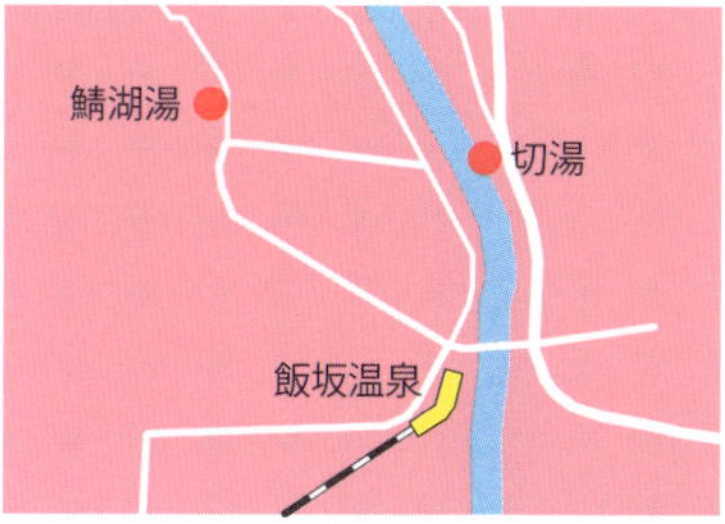

鯖湖湯
福島市飯坂町湯沢 32
☎ 0245-42-5223
6:00 ～ 22:00
休：月曜日　￥200
福島交通「飯坂温泉」歩 6 分

磐梯熱海温泉

死んだカエルのようにだらしなく
水中に体を伸ばしてじっとしている。

郡山から会津へ向かう途中に磐梯熱海という温泉地がある。この地に封じられた昔の殿様が、故郷の熱海を思って名付けたらしい。

駅のすぐ近くに狭くて殺風景な路地があり、その先に「元湯」という看板が小さく光っている。この日はカンカン照りの猛暑日で、しかも東北の温泉はアッチッチが多いから、さっと汗だけ流したいと思って立ち寄った。年季の入った受付のディープな雰囲気がよい。時間帯によって入浴料金が3段階に変わる珍しいシステムだ。

やや薄暗い浴室は思いのほか広くて、ほのかないい香りがする。昼間からけっこうたくさんの入浴客が中央の大きな湯船にのんびりと浸かっている。この暑い時になあ、と思いながら、かけ湯をしようとして驚いた。冷たい！ 30度くらいだろうか？ これはいい、どうりでね。10人くらいいる客はみんな湯船の縁に後頭部を乗せ、死んだカエルのようにだらしなく水中に体を伸ばしてじっとしている。私もそうした。

そういえば、さっき近くの温泉神社で手水鉢の水を触ったら妙にぬるかったけど、あれがきっと源泉だったんだな。それとほぼ同じくらいの冷たさの湯がドバドバと注ぎ込まれ、カエルたちを浮かべて、細かなタイル張りの湯船の縁からサラサラと溢れている。なめらかでやわらかい湯ざわり。これはちょっとやそっとでは出られない。

浴室の端に小さめの湯船もあり、そ

こは43～44度くらいの熱い湯だ。この温冷を交互に行き来する。うむむ……さっと汗を流すつもりが、えらく長風呂になってしまった。

温泉神社の並びに小さな和風旅館のような建物があり、夕暮れどきになるとここに「ゆ」の暖簾がかかって、「**錦星**」という看板が光る。ここも公衆浴場のようだ。中に入ると、玄関も廊下も休憩室も、どこもピカピカに磨かれている。浴室はコンパクトで、3人くらいでいっぱいになるサイズ。その代わりカランやシャワーは最新で、シャンプー類も備え付けられている。ひんやりとした神社の源泉100%を41度くらいに沸かした湯はふわふわ、なめらか。沸かし湯もいいもんだ。じっと浸かりながら、穴から湯が出てくるコオロコオロという静かな音に耳を傾ける。プライスレスな時間を過ごして、上がると肌がサラサラになっていた。

おかみさんに聞くと、昔は旅館だっ

共同浴場 霊泉元湯

床に敷き詰められた玉石タイルのところどころに落ち葉を模したタイルが混じる

霊泉元湯
福島県郡山市熱海町熱海 4-22
☎ 024-984-2690
6:00 ～ 20:00　休：無
磐越西線「磐梯熱海」歩 2 分
入浴料：6:00 ～￥600、
14:00 ～￥400、16:00 ～￥300

たが先代が1965年頃に旅館をやめて公衆浴場だけにした。先代が亡くなったあともそのまま3年ほど続けたが、客も減って去年やめることにした。ところが他県で働いていた甥っこが「引き継ぎたい」と手を挙げ、去年からはその甥っこに任せているそうだ。

外はとっぷりと日が暮れていた。湯上がり肌に夜風が心地よい。しばらくあたりを散歩してから、近くにあった焼き鳥屋の暖簾をくぐった。

泉質：アルカリ性単純温泉
源泉温度：33.1℃

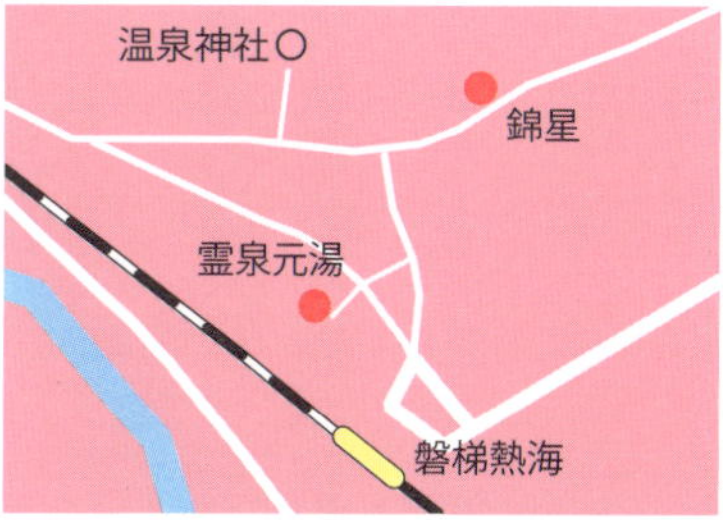

扇形の湯船は青いタイルが美しく、縁は洗い出し工法で仕上げられている

錦星
福島県郡山市熱海町熱海 1-87
☎ 024-984-4004
16:00 ～ 19:30
休：無　￥500
磐越西線「磐梯熱海」歩 3 分

ぬる湯

震災も耐えたレンガ造り 城下町の〝泊まれる銭湯〟

三春は小さな街だが、かつては三春藩の城下町で、それらしい落ち着いた街並みが残っている。

桜川という小さな川沿いの道に、ひときわ目をひく建物がある。金属製の煙突がそびえ、その横にがっちりとしたレンガ造りの四角い建築物と木造の二階建て日本家屋が並び、その古めかしさとカッコよさに思わず「おおっ！」と声が出てしまう。レンガ造りのほうには「ぬるゆ」、木造のほうには「ぬる湯旅館」と看板が出ている。1909（明治42）年創業の旅館兼業銭湯だ。

1930（昭和5）年に建て替えられた浴場棟は、経年によってレンガの一つ一つが異なる表情を見せる。中に入るとトンネル状の通路で、浴場の木製扉や下駄箱、アーチ状の明かり窓、ガラス装飾などすべてがタイムカプセ

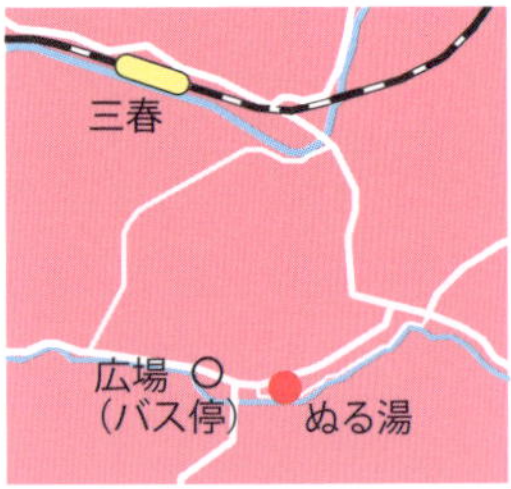

古い旅館棟も味わい深い

ルのように建築当時のまま保存されている。浴室は雰囲気が一変、震災の影響による雨漏りを直しきれず、内側からくるむように改装されていて快適だ。ぬる湯とは、かつて吾妻山の微温湯《ぬるゆ》温泉の湯の花を使っていたからで、湯の温度がぬるいわけではない。

一体化した旅館棟の内部も味わい深いが、あまりに古いため、宿泊は奥にリーズナブルな新館が用意されている。

三春駅からのバス便はやや複雑だが、郡山駅から直通の福島交通バスもある。

住所　福島県田村郡三春町八幡町 55
TEL　0247-62-2230
時間　15:00 ～ 20:00
休　日曜日
料金　￥450
交通　磐越東線「三春」→三春町営バス「広場」歩 4 分

湯本温泉

みちのくの旅を仕上げる熱いお湯

常磐線「湯本」駅で降りた。日本三古泉の一つにも数えられる温泉地であり、駅のホームにも足湯がある。道を歩けば、側溝のフタの隙間からモワァ～っと熱気が上がってくる。市街地にある公衆浴場はいわき市の運営だ。

駅2分の**みゆきの湯**は比較的新しい施設で、シンプルな浴室は使いやすく整えられている。なにしろ駅前で便利。私も以前、駅で降りてここで風呂にだけ入って他所へ移動したことがある。

さはこの湯は江戸期の建築様式を再現したという目をひく建物だ。浴室はコンパクトだが、天井や主浴槽が八角形で、湯船の縁はヒノキ張りと、味わいがある。湯温は43度くらい、さらに熱い小浴槽もあって入りごたえもある。それでいて設備は現代的だ。

街はずれの**上の湯**だけ夕方からの営業、そして入浴料が半額だ。中は典型的な地方のミニ銭湯で、愛想のいい番台の女性が「熱かったら水でうめても

公営浴場 さはこの湯

いいですからね」。小さな浴室は硫黄のいい香り。湯船の端から50度を超える源泉が流れ込んでは手前から溢れて床を流れて足に触れる、その湯の熱いこと。でも浸かればふしぎと慣れてくる。先客らはみな地元民で和気あいあいと体を洗い、上がる時は挨拶をして上がってゆく。熱い時は「うめてもいいですか？」と相客に声をかける。生き生きとした生活銭湯だ。

　さて、いわき市は東北地方の南東端、この南は勿来《なこそ》の関だ。みちのくの旅はこの熱い湯で〆ることとなった。

泉質：含硫黄 - ナトリウム - 塩化物・硫酸塩泉
源泉温度：58.3℃

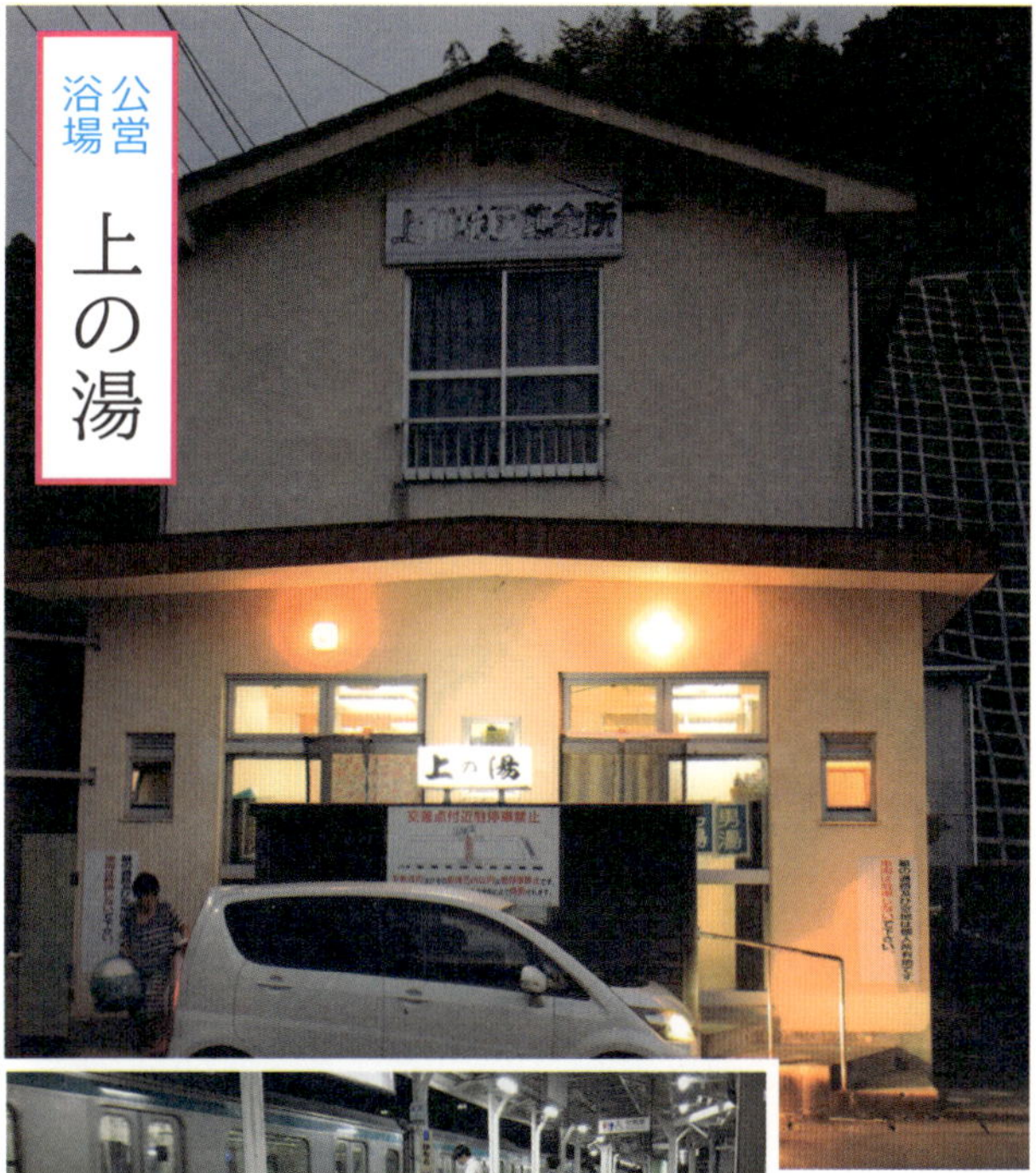

公営浴場
上の湯

さはこの湯
福島県いわき市常磐湯本町三函176-1　☎ 0246-43-0385
10:00 ～ 22:00　￥300
休：第 3 火曜（祝の場合は翌日）
常磐線「湯本」歩 9 分

上の湯
いわき市常磐湯本町上川 1-19
16:00 ～ 21:00
休：水曜日　￥150
常磐線「湯本」歩 16 分

駅ホームの足湯（下り線ホームのみ）

公営浴場
みゆきの湯

湯本駅前みゆきの湯
いわき市常磐湯本町天王崎 1-8
☎ 0246-43-1526
10:00 ～ 22:00　￥300
休：第 3 木曜（祝の場合は翌日）
常磐線「湯本」歩 2 分

コラム

みちのくの風景

本書は風呂がテーマだが、旅といえば何といってもその地の四季折々の風景こそが最大の楽しみだ。

今年の夏に訪れた時、印象に残った風景を三つ挙げてみる。

吹浦の田んぼ（↓9頁）

列車の時間に余裕があったので、山形と秋田の県境に近い吹浦《ふくら》という港町で降りてみた。ここは松尾芭蕉も象潟へ行く前後に通ったはず。目の前に鳥海山がゆったりと構えている。

地図を見ると「丸池様」というものを発見した。湧き水の小さな池のようだが、光の加減でエメラルドグリーンに輝くらしい。池に「様」がつくのも珍しいので行ってみることにした。

ゆるい坂を10分ほど登ったところで「橋梁工事のため通行止め」となった。歩行者用の迂回路もない。仕方がないので最短距離を探しながら大きく遠回りしたが、庄内地方の田んぼはやたらと広く、用水路を渡る橋がはるか遠くまでない。結局、炎天下を小一時間ほど歩いたところで時間切れとなり、丸池様にたどり着けないまま少し手前で引き返さねばならなかった。

だが鳥海山を正面に、まだ青い稲穂の甘い匂いをたっぷりと嗅ぎながら歩いた2時間ほどは、猛烈に暑かったけれども不思議な幸せを感じた時間でもあった。

陸奥湾（↓43頁）

油川温泉（↓48頁）の裏手はすぐ陸奥湾だ。その日は朝から大雨が降り、夕方になってすっきりと上がった。空の大半はまだ雲に覆われていたが、その下は空気が洗い清められて遠くまで見通せた。

油川の海岸には漁船を格納する舟屋が並んでいい風情だったが、それ以上に周囲の山々、八甲田山から下北半島、津軽半島がぐるりと陸奥湾を取り囲んでいるのがすべて見渡せた。二つの半島が向き合うところで海がパックリと口を開け、津軽海峡へつながっているさまが絵に描いたようで、その先にある北海道を思わずにいられなかった。

あとで、中世以来その場所が本州と蝦夷地をつなぐ街道の結節点だったと知った。

小川原湖《おがわら》（↓4頁）

玉勝温泉（↓50頁）から15分ほど歩くと小川原湖に出た。沿岸流で形成された砂州が内湾を海から切り離してできた汽水湖で、しじみの産地のようだ。

遠くにその砂丘が低く緑の線をなしている。湖面は鏡のように穏やかで、青空をそのまま映していた。水中には藻が繁茂し、小魚がたくさんいた。

こんなに浅くて広い潟湖《ラグーン》は関西にはないなあ、と思ったが、考えてみれば大昔の河内湖（現在の大阪平野）はこんな風景だったのではないか、と気付いた。タイムマシンがなくても幻の河内湖を見られた、と思った。

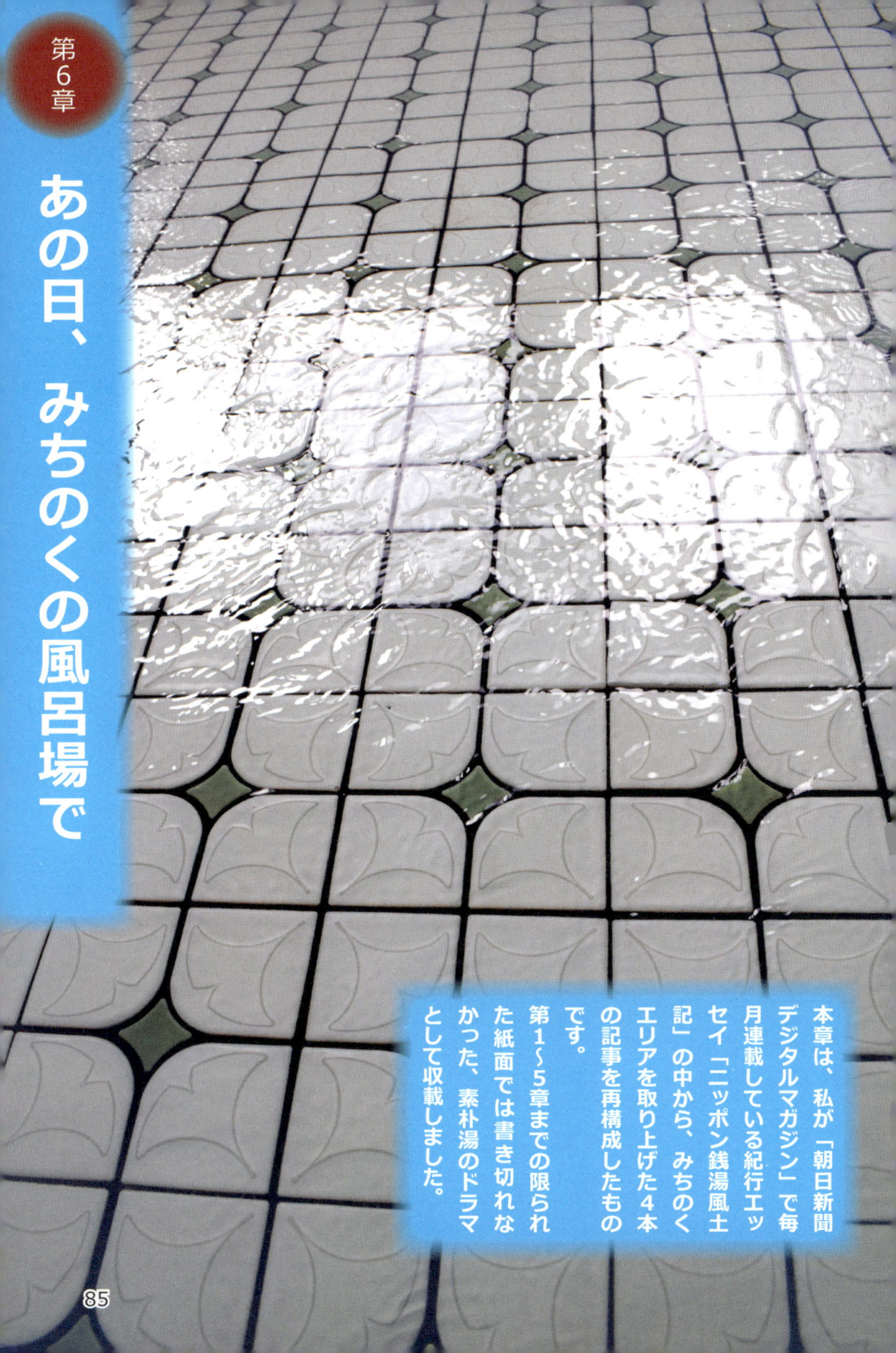

第6章

あの日、みちのくの風呂場で

本章は、私が「朝日新聞デジタルマガジン」で毎月連載している紀行エッセイ「ニッポン銭湯風土記」の中から、みちのくエリアを取り上げた4本の記事を再構成したものです。

第1～5章までの限られた紙面では書き切れなかった、素朴湯のドラマとして収載しました。

城下町・新発田《しばた》の銭湯のふしぎな話

いいでの湯（新潟県新発田市）

火災現場から持ち出された絵

火災の前に描かれた絵

旅先で、思いがけずちょっとふしぎな話を耳にすることがある。私は２０２３年の春、新潟県の旧城下町・新発田をはじめて訪れた。これはその街に残る「いいでの湯」という小さな銭湯で聞いた話だ。

新発田には市の中心部から南へ８㎞ほど離れたところに「美人の湯」として知られる月岡温泉があるが、いいでの湯はそこではなく、旧城下町を流れる水路の橋のたもとにある。１８９５（明治28）年から続く銭湯で、初代の大竹岩五郎さん、金吾さん、太郎さんと継いで、現在の一《はじめ》さん・章江さん夫妻は4代目に当たる。いいでの湯の「いいで」とは、新発田の東方にそびえる霊峰・飯豊《いいで》山にちなんだ屋号だ。登山シーズンには飯豊連峰を縦走した登山者が風呂に入りに来ることもある。

古い銭湯だが、こぢんまりとした建物は真新しい。というのは、２０１１年に漏電による火災で全焼し、その翌年に建

（右上）コンパクトな浴室。新発田まつりの写真（男湯は「けんか台輪《だいわ》」）が飾られている。左側は新設されたミストサウナ
（右下）湯は薪沸かし。備蓄は半年分もある
（左上）新しくなったいいでの湯の外観

て直されたからだ。再建された浴室はとてもコンパクトで、小さな湯船の横に小さなミストサウナがくっついている。そして昔ながらの番台はフロントロビー式に刷新された。

そのロビーに、額に入った絵画が飾られている。描かれている建物はいいでの湯に似ているが、もっとレトロな風情だ。

「この絵は？」と私が尋ねると、

「火事で焼ける前の、うちの絵なんですよ」と店主夫妻が教えてくれた。

「どなたかに描いてもらったものですか？」

「それが、火事の10年ほど前でしたかね、近所の知り合いに、『おたくを描いた絵が市展で賞をとってるよ』と教えてもらったんです。それでびっくりして見に行くと、確かに受賞作品として展示されていた。それで市展が終わったあとに、作者の人に頼んで譲ってもらったんです」

火災の日、初めて来た客は……

その絵に描かれた、火災前のいいでの湯は、１９３０年代前半に建てられ、現在の3倍の広さがあって子どもが湯船で泳ぐほどだったという。

２０１１年の8月に火事が発生した時、男女の浴室にはそれぞれ一人ずつが入浴中だった。こういった昔ながらの銭湯は近隣の常連客がほとんどで、女湯の客はいつも同じ時間に

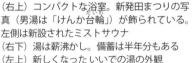

（左）前列は４代目の大竹一さんと章江さん、後列左は次男の浩之さん、右は長男の直之さん
（右）女湯の壁には新発田まつりで子どもたちが担ぐ「金魚台輪」の写真

来る常連だった。ところが、男湯のほうは初めて来た客だった。50～60歳くらい。登山帰りの様子で、風呂に入る前に脱衣場の壁に掛けてあったこの絵を見て「これはいい絵ですね」と番台にいた章江さんと言葉を交わしたという。

そして火事が起きた。二人の入浴客は急いで服を着て、店の家族とともに戸外へ逃げ出したのだが、その時、男湯にいた初めての客は、とっさに壁からこの絵を取り外し、脇に抱えて戸外に飛び出して来たのだという。焼け落ちる銭湯を前に、その男性はこの絵を店主一家に返し、章江さんのそばに来てこう言った。

「これからいろいろ大変でしょうけど、どうかがんばってください」

そしてティッシュにくるんだ何かを手渡して立ち去った。あとで章江さんがティッシュを広げてみると1万円札が入っていた。

「私も火事で動転していたので、お名前を聞くのも忘れていたんです」

3分の1のミニサイズで再起

火事のあと、一さんは「銭湯はもう絶対にやめよう」と思った。近所に迷惑をかけたし、そもそも客が減っていた。再建には費用もかかる。新発田に昔からあった他の銭湯はもう20

年くらい前にすべてやめてしまっていた。

ところが、店主夫妻の二人の息子たちが「もう一度やろう」と言った。とくに土木関係の仕事をしていた長男の直之さんは腰を痛めて会社をやめたばかりで、あちこち奔走して再建について調べ、ミストサウナやコインランドリーを新設する計画を練った。

そして翌年、火災前の3分の1サイズとなった小さないいでの湯がオープンした。この小さな風呂を最初に見た一さんは「絶対ダメだろう」と思ったという。

「ところがいざオープンすると大当たりで、客が2倍くらいに増えたんです。それに小さくなったぶん、光熱費も水道代もかからなくなりました」

そして、あの時のあの客は……

かつてはどこの銭湯も、1日に数百人の客が詰めかけてにぎわった。昔ながらの銭湯の多くは基本的にそのサイズで作られている。だが家風呂の普及とともに客は減り、老朽化した設備の改修は割に合わなくなった。同時に経営者も高齢化し、広い浴場の維持管理も大変となって、銭湯は次々にのれんを下ろしてきた。火災前のいいでの湯も、同じ流れの上にあったといえるだろう。

ところが火事で全焼したのを機に小さく作り直し、サウナなどを付加したことで、新しい客も来るようになった。いわば「時代に合った」銭湯として生まれ変わったといえるかもしれない。災い転じて福となす、とはこのことだろう。

「それで、火事の時にあの絵を助けてくれた人は、その後来られましたか?」

「いや、あれきりです。お礼を言いたくてずっと待ってるんですが」

そして、一さんは少し照れたような表情でポツリとつぶやいた。

「神様が助けてくれたのかな」

私は、次に新発田へ来る時には霊峰・飯豊山に登ってみたいと思った。

（初出／2023年8月17日）

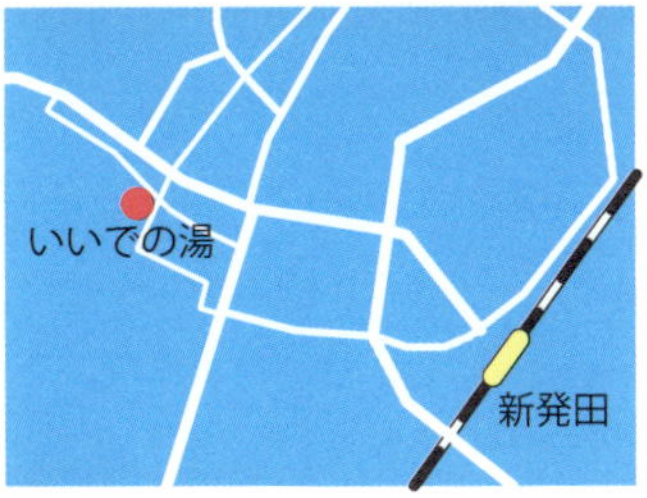

住所 新潟県新発田市大栄町 1-5-1
TEL 0254-22-2455
時間 15:00 ～ 23:00
休 月曜日
料金 ￥480
交通 羽越本線「新発田」歩 16 分

冬の津軽 駅前銭湯の静かな奮闘

弘南鉄道 津軽尾上駅

大和温泉（青森県平川市）

弘前駅から、弘南鉄道に揺られて

弘前市内の宿で荷をほどいたらもう夕方だった。さっそく私は長年の習慣である銭湯へと向かう。雪は10センチほど積もっているが寒さはさほどでもなく、その証拠に雨がしとしとと降っていた。傘をさして雪道を長く歩くのはつらい。そこで交通の便の良い銭湯として調べておいた、弘南鉄道の津軽尾上《おのえ》駅すぐそばの大和《やまと》温泉へ行くことにした。

弘前駅から弘南鉄道弘南線に乗る頃にはもう真っ暗だった。私はとくに鉄道ファンというわけではないが、はじめて乗るローカル私鉄にはいつもワクワクする。ＪＲのような全国区でない、その地域の人々に密着する小さな鉄道に紛れ込んで、何の気なしに彼らと一緒に移動している感覚が好きだ。よそ者の私を乗せた列車が真っ暗な雪の中をゴトゴトと走る。地元の高校生らの利用が多い。

津軽平野を東へ向かった列車はこまめな間隔で四つの駅を過ぎると北へ進路を変え、さらに三つ目、弘前駅から20分と

（右上）とっぷり暮れ、闇から浮かび上がるような大和温泉
（右下）レトロなムードの玄関まわり
（左）脱衣場入り口ののれん。「ヤマト湯」は、大和温泉が沸かし湯だった時代の呼び名

少しで津軽尾上に着いた。

雪を踏んで駅から出て、右の道を見たらもうそこに大和温泉ののれんが揺れていた。中に入るとロビーに人のよさげなおかみさんがいた。郊外の温泉施設と比べればこぢんまりとしているが、昔ながらの銭湯とすれば決して狭くはない。古いマッサージ器や、壁には昔の料金表。畳の小上がり休憩所もあって、レトロでアットホームな雰囲気が漂う。次々に来る客の多くは正面玄関ではなく脇の勝手口のようなところから入ってくる。そっちのほうが駐車場から近いらしいが、そんな光景にも地元密着ぶりが感じられる。ガラス越しに浴室を眺めると、二人ほどの相客が体を洗っていた。

冬将軍にも負けない圧倒的なぬくもりパワー

風呂場に足を踏み入れて、まず床を覆う薄緑色のタイルの美しさに驚いた。4枚のイチョウの葉が合わさった初めて見るパターン（→85頁）。さらにハッとしたのは、その床全面をヒタヒタと湯が流れていることだ。目で追うと、その湯は奥の主浴槽からあふれて、広い浴室の床タイルすべてを洗いながら入り口にまで達しているのだった。

かかり湯をするだけで、この湯のなめらかさを感知した皮膚から脳へと快感の波が瞬時に伝達され、以後、私はもうこの波に体を委ねるだけの生物となった。源泉温度44度、少し

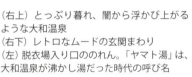

熱めの、いくぶんぬめりを感じるつるんつるんの湯。店内に掲示された温泉分析書には「単純温泉（緩和低張性高温泉）」とあり、1分間に176リットルが湧き出しているらしいが、温泉の泉質について無知な私流に言えば、「なんともいえぬ極楽風呂」だ。

浴室内を見渡せば、桶や椅子はきちんとそろえられ、シャワー類の水圧も快調で使い勝手よし。地方小都市の古い銭湯としてはとてもよく管理されている。主浴槽の裏手には寝風呂と水風呂が並び、その横に乾式サウナがあった。ぜいたくすぎるなこれは。サウナや主浴槽と水風呂の交互浴を何度か繰り返して、私はすっかりふ抜けのゆでオヤジ状態となった。もはや裸で雪道を走り回れそうだ。

関西にいると、雪国の人々は寒いのによくぞわざわざ外の風呂へ出かけて行くもんだ、と少し不思議に思いもしていたのだが、ここでその疑問は完全に氷解した。

「温泉のありがたみがない」街での新しい挑戦

大和温泉は1938（昭和13）年からの営業記録が残っている。当時は沸かし湯の銭湯だったが、1977（昭和52）年に温泉を掘削し、深さ約800メートルでこの湯が出た。現在、実質的に切り盛りするのは3代目に当たる工藤卓輝《たかてる》さん。

「この近辺には温泉浴場がたくさんありますが、もともと開発業者が別の鉱物を掘っている時に温泉が出たことから始まったそうです。偶然の産物なんですよ」

グーグルマップで調べてみると、大和温泉から車で10分以内の場所になんと10カ所ほどもの温泉入浴施設があるのには驚いた。

「だから温泉のありがたみがあまりないんです。それに車社会なので駅近のメリットも少ない。うちみたいな小さな風呂はお客さんが少し重なるとすぐに混み合うので、ちょっとのぞいて混んでると思うとヒョイッと車で次の温泉に行ってしまいます」

なるほど、車社会だとそういうことにもなるのか……。

「今年も近隣市町村で3軒閉めました。みんな公衆浴場からスタートして、風呂だけでやってきたところはバタバタと倒れ、ホテルなどを建設して付加価値をつけたところが残る傾向にあります。でも大和温泉は駅前の市街地にあるため、これ以上は広げられません」

一般公衆浴場は物価統制令によって入浴料金の上限が都道府県ごとに定められている。青森県の上限は450円だが、大和温泉は400円。「300円台でやってるところも少なくないんですよ」

卓輝さんがこの厳しい家業の経営に飛び込んだのは4年ほ

ど前のこと。祖母が体調を悪くし、大和温泉を閉めるか、卓輝さんが仕事を辞めて後を継ぐかの選択となった。
「近所の人は『なくさないで』と言ってくださいますが、高齢のお客さんは徐々に歩けなくなり、来るのが難しくなります。私はそれまで介護職をしていたので、サービスで送迎したりしていたのですが、やがてはデイサービス施設に移行してしまいます」

3代目は介護のプロ、福祉と銭湯をつなぐ

その状況を受けて、卓輝さんは新しいチャレンジに出た。大和温泉の隣にあった、かつて地域の人たちが宴会場として使っていた古い建物を改築し、2022年9月に「湯っとねす大和」という福祉施設（介護予防・日常生活支援総合事業）をオープンさせた。
「お年寄りが少しでも長く風呂に来られるよう、要介護になる前に予防として運動してもらうための、温泉入浴とセットにしたデイサービス施設です。私が管理者とケアマネジャーを務めています」

介護保険対象事業のため、利用者は送迎付きでも銭湯料金以下の自己負担額で利用できる。卓輝さんは、昼すぎまでそれに従事し、午後は銭湯業務。なかなか大変だが、地域の実情を見据え、自分の専門性と家業の温泉浴場とを最大限に生

かした秀逸なアイデアだろう。

――ところで、風呂場の床の美しいイチョウのタイルは卓輝さんが継いだ時に新品に張り替えたんですね？

「いえ、あれは昔からのものです」

――ええっ？　ものすごくきれいなんですけど。

「はい、磨いています」

　父母と従業員一人で切り盛りする小さな銭湯。フロントでは、印象的なロゴデザインのタオルなどオリジナルグッズも売られている。「こういうのを作ってくださる人がいるんです」とのことで、地元の応援団もいるようだ。うん、わかる。応援したくなるよなあ。

　ぬくぬくの体で、帰りの弘南鉄道に乗り込む。列車内はさらに暖房でぬくぬく、関西の通勤電車では考えられないレベルだ。これは列車だけでなく食堂でもホテルでも同じで、屋内では上着を脱いでTシャツと薄手のセーターだけにならないと汗が出てくる。思えば京都での学生時代、北海道から来た同級生が「京都のほうが寒い」と言っていたのはこのことだったのか。

津軽平野の街にたたずむ「アリエッティの家」

　翌日、明るいうちの津軽尾上の街も見たいと思って再び訪れた。このあたりは旧・尾上町が２００６年に近隣の１町１村と合併して平川市となった。広大な水田とりんご畑の中にあるが、市街地には古くて立派な民家や洋館風の近代建築物も多い。大和温泉の隣にある地元紙「東奥日報」の新聞販売所も印象的な建物だ。どういう街なのかと卓輝さんに尋ねてみたら、「昔から商人の町でもあったようです」という。

　大和温泉から西へぶらぶら15分ほど歩いたところに盛美園という日本庭園がある。尾上の大庄屋で尾上村長や尾上銀行

雪の中の盛美館

頭取などを歴任した清藤盛美《せいとうもりよし》が１９１１（明治44）年に造営したものだ。鎌倉時代、北条時頼の家臣だった清藤家は津軽に転じてからこの地に根ざして広範に商業を展開し、日本最古といわれるそろばんも残っているらしい。

その庭園の一角に盛美館という古い建物がある。１階が日本建築、２階が洋館という不思議な建物で、２階部分の八角形の出っ張った部屋が何ともかわいらしい。雪に包まれた姿は北欧の妖精の家を思わせる。時季外れで内部見学はできなかったが、この建物はスタジオジブリのアニメ映画「借りぐらしのアリエッティ」（米林宏昌監督、２０１０年）で主人公アリエッティが住み着く家のモデルになったそうだ。卓輝さんが言った「商人の町」を象徴する建物であるとも言えるだろう。

津軽尾上駅へ戻ると、大和温泉横の「湯っとねす大和」の前に赤い車が止まっているのが見えた。すると建物の中から卓輝さんが現れ、利用者がその車に乗り込むのを介助している。一瞬、私は声をかけようかと思ったが、思いとどまった。

「湯っとねす大和」は卓輝さんが言ったように、大和温泉の利用客に１日も長く大和温泉に来てもらうために始まった施設であるかもしれない。しかし彼は風呂屋であると同時に介護のプロでもある。その彼が、地域の高齢者一人一人のケアに専門的にかかわっている真摯な姿を目の当たりにして、私の心にグッとくるものがあった。「お風呂で元気に」といった全国どこの銭湯でも見られるようなうたい文句を超えて、彼はまぎれもなくこの町の健康の実質的な守り手だ。私のようなよそ者の風呂道楽が、この場面で気安く声をかけて邪魔することがはばかられたのである。

と同時に私は、大和温泉の湯に今すぐに浸かって、あの心地よさをもう一度確かめて帰りたいとの思いに強く駆られた。だがこのあとの旅程から、残念だがそれは次回のお楽しみとなった。旅をすればするほど、楽しい思い出とともに宿題が増えてゆく。

（初出／２０２３年１月27日）

大和温泉と隣り合う「湯っとねす大和」

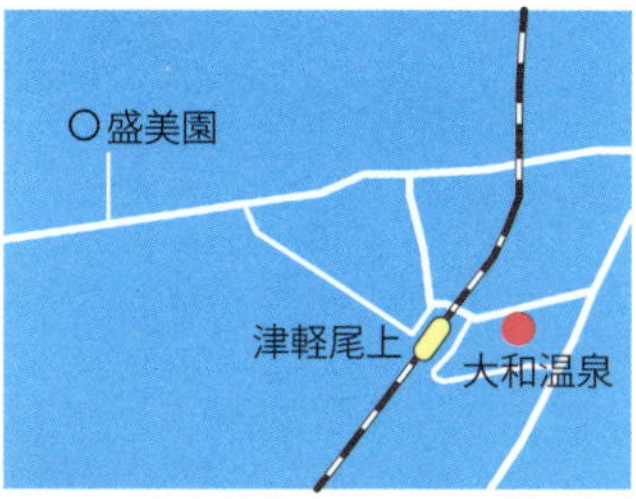

住所　青森県平川市中佐渡南田 1-2
TEL　0172-57-2852
時間　7:00 ～ 22:00
休　毎月１日と 15 日
料金　￥400
交通　弘南鉄道「津軽尾上」歩１分

あれから12年
三陸・宮古の銭湯を訪ねる

福島湯・旭湯・田の神湯

あの日の「明暗」

宮古へ行くのは12年ぶりだ。12年前というと2011年、東日本大震災のあった年。私は地震のちょうど1カ月後の4月11日に、ある個人的な支援活動の一環で岩手県・宮古市を訪れた。そのとき中心市街地を歩いて驚いたのは、宮古駅付近を境に、津波で浸水した地域（東側、海寄り）とそうでない地域（西側）は、真ん中でくっきりと色彩が異なっていたことだ。津波が及んだ東側は至るところに泥がこびりつき、街全体が陰鬱に黒っぽくくすんでいた。それはまさに「明暗を分ける」という言葉通りの光景だった。

福島湯の玄関。津波の線を指し示す若女将

当時私は、宮古では3軒の銭湯で入浴可能であるとの情報を事前に得ていた。そのうちの1軒、**福島湯**は津波被害を受けたエリアにある。その時には、入り口部分に茶色い泥の線が付着し、その線まで海水に浸かったことが察せられた。そしてそこに1枚の貼り紙があった。

「床工事のため休業と致します」

昔ながらのレトロな福島湯があの大津波を生き延び、復活に向けて床工事をしていることに私は胸が熱くなった。

その旅から帰った後、福島湯が通常営業を再開したというニュースに接して私はさらにうれしくなったのだが、それか

福島湯の女湯にある、浄土ヶ浜を描いたモザイクタイル画。浄土ヶ浜は宮古の観光名所であり、三陸復興国立公園、三陸ジオパーク、国の名勝などに指定されている

ら実際に足を運ぶのに12年もかかってしまったのだった。

津波とヘドロ、生き残った福島湯の釜と配管

12年ぶりの宮古は、大きく変わっていた。津波を受けた東側には空き地が目立つものの、いくつもの居酒屋が明かりをともしていて、そこが旧来の繁華街であったことを知った。そんな中、福島湯の外観はほとんど変わっておらず、煙を吐く煙突をバックに、こいのぼりが5月の空を泳いでいた。

番台にはやさしげなおかみさんが座っている。裸になって浴室へ入ると、年季の入った湯船に生き生きと湯が注ぎ込んでいた。

その湯に深々と浸かる。感無量とはこのことか……熱めの湯が肌から染み込むようだ。地元の高齢者が二人ほど、ゆっくりと風呂を楽しんでいる。

福島湯の正確な創業年は不明だが、1932（昭和7）年の写真が残っているという。創業者は福島県出身で、福島の米を宮古へ運んで販売する福島屋という米問屋をやっていたそうだ。

同湯3代目の志賀政信さんによると、地震の日、津波は土間で胸まで、脱衣場で腰まで達した。家族は2階の部屋へ避難して無事だった。水は3時間ほどで引いたが、あとには泥が10センチほどの厚さでたまっており、油が混ざったような

福島湯の浴室。正面奥には鳳凰と、孫悟空の乗るキント雲のようなモザイク画がある。男女の仕切り壁には、男湯には松島、女湯には宮古の名勝・浄土ヶ浜が描かれている

ヘドロ状の潮の泥で、強烈な臭いだったという。それを何日かかけて家族や親族らでかき出したところ、釜と配管は無事だった。

　地震から10日目くらいには、汚れた脱衣場にブルーシートを敷き、屋上の水タンクの水を沸かして湯船に湯を張った。「お湯が沸いたから、戸を開けておくからご自由に入って」と近隣住民やボランティアの人たちに無料開放した。2週間ほどそれを続けたのち、脱衣場の床を張り替え、浴室の鏡も新しく替えた。私が訪れたのはその工事中の時だったようだ。そして地震後1カ月あまりで通常営業を再開し、現在に至っている。

日が暮れてからの福島湯。営業中でも暖簾はかからない

あの時の写真を携えて旭湯へ

　その翌日、私は福島湯の女湯の壁に描かれていた浄土ヶ浜を歩いたあと、3軒の銭湯のうちの一つ、**旭湯**へ向かった。

第6章 あの日、みちのくの風呂場で

浄土ヶ浜の遊覧船のりば

ここに来ることもまた今回の旅の目的の一つだった。

12年前、私は福島湯を見た後、この旭湯を訪れた。旭湯は津波が及ばなかった地域にあり、地震の数日後から営業を再開していることは知っていたが、あいにく定休日だった。私が閉じたシャッターをしばらく眺めていると、たまたまこの銭湯の関係者とおぼしき女性が3人の女の子を連れて現れたので、私はとっさに「旭湯のかたですか?」と声をかけた。

12年前に旭湯の玄関前で撮らせていただいた写真。左端はおかみの小川光子さん。定休日で孫たちがたまたま集まっていた

その女性は旭湯のおかみさんで、子どもたちは孫だという。私はその4人の記念写真を撮らせてもらった。

私は仕事上の必要から写真を撮りはするが写真の趣味はなく、初対面の人の家族写真を「記念に」撮ることなどこれまで一度もなかった。そのときなぜその写真を撮ったのか、今となってはわからないが、これが今回の旅の始まりとなった。

神戸に帰ったら写真を送ろう、とその時は思っていた。だが帰ってから、「この写真を持ってもう一度、今度は営業日に旭湯を訪ねよう」という気持ちに変わった。そうすればまた宮古に必ず行ける。そしてそのまま12年の歳月が過ぎてしまっていたのだった。

旭湯の外観は、当時とまったく変わっていなかった。そして玄関前に、あの時と同じようにおかみさんが出てきていたので、私はまた同じように声をかけ、リュックからA4の印画紙にプリントした写真を取り出して、「今ごろになってすみません」とおかみさんに手渡した。おかみさんは大いに驚き、記憶の糸を引っ張っても思い出せない様子で、写真をしげしげと眺めながら「まあ……まあ……!」と、居合わせた常連客らにもその写真を見せておられた。

幸いにも少なかった被害、地震4日後に再開

12年越しの目的を果たすことができた私は、念願の風呂に

旭湯の浴室。女湯のタイル絵は富士山

入らせてもらった。旭湯は1964（昭和39）年に地元の牛乳屋さんが創業し、最盛期は10軒以上の銭湯があった宮古では最後から2番目に建てられた「若い」銭湯だ。コンパクトな浴室は4度も改装されてとても清潔、奥壁のアルプスのタイル絵は輝くように美しい。北海道・二股温泉の炭酸カルシウム鉱石をくぐって湯が出る仕掛けで温泉気分も味わえる。浄土ヶ浜を歩いたあとでもあり、体が解きほぐされるように心地よかった。

震災当時は2代目の小川格《いたる》さんと妻の光子さん（最初にお会いしたおかみさん）とで運営していた。地震の瞬間、お客さんが10人くらいいたという。

「早く出ましょうと言っても、お年寄りは耳が遠くて聞こえないのか、なかなか出なかったね。それでもけが人はなかった」（格さん）

風呂は余震でタイルが10枚ほ

旭湯の外観、震災当時と変わっていない

どはがれたのと、煙突上部がずれたこと以外はほとんど被害がなかったため、地震4日後には営業を再開した。10〜22時の12時間沸かしたそうだ。

「この近所は大丈夫だったけど、津波の被害のあった地域から歩いてくる人もいて、3カ月くらいは混雑したね」(格さん)

その後、格さんが体調を崩して、現在の営業時間に短縮。2年前には息子の勇一さんが脱サラして跡を継ぎ、妻の雅子さんとともに光子さんを支えながら運営している。

写真に写っている女の子たちについて勇一さんが説明してくれた。

「母(光子さん)から見ると全員孫にあたりますが、一番大きいのが私たちの娘で、仙台で勤めています。中くらいの子は同い年のめいで、隣町勤め。いちばん小さい子もめいで、今は大学生です」

熱い湯と方言の響きを胸に

宮古から帰る日の午後、私は3軒目の銭湯、**田の神湯**にも行ってみた。この銭湯も津波被害を受けなかった地区にある。田の神湯は旭湯のあとにできた、宮古でいちばん新しい銭湯らしい(と言っても昭和中期のことだろう)。12年前に来た日はここも旭湯と同じく定休日でシャッターが閉まっていたが、今回は開店時間早々の時間、暖簾が風に揺れていた。

現在の格さんと光子さん。格さんの肩に乗っているのはリスザルのけんこちゃん。旭湯のアイドルで、地元テレビでも紹介されたそうだ

入るとロビー式になっており、中央に外向きに番台があってオヤジさんが座っていた。風呂代を払うと、オヤジさんが笑顔で「かじが…あげてっから…かじが…」と言う(……の部分は聞き取れず)。

「え?」と何度か聞き返したがよくわからない。

「かじがへってきもづえんだって」

むむ? 「きもづえ」は「気持ちエエ」だろうか? とすると「かじ」は? 私は勘を働かせてイチかバチか、「開けてると風が入って気持ちエエですね」と言ってみた。するとオヤジさんは満面の笑みで「んだ」と言ってくれた。

裸になって浴室へ。広々として、中央に湯船がドンとあり、奥壁は全面ガラス張りで庭に面していた。そのため浴室はとても明るい。湯はアツアツだった。奥の深いほうはさらに熱く、46度くらいあるようだった。なんともスキッとする。

上がってオヤジさんに「お湯が熱くて気持ちよかったです、いつもこんなに熱いんですか？」と声をかけた。オヤジさんは来たときと同じく強くなまりながら答えてくれたが、「おたくの湯は熱いとよく言われるよ」という意味であることが今度はすぐにわかった。

私は仙台行きの高速バスに乗って宮古を離れながら、これまで私と話してくれた人たちは、私のためにわかりやすい言葉でしゃべってくれていたんだな、と気づいた。そして、次は12年も空けずにまた来よう、と思った。

（初出／２０２３年６月15日と７月20日）

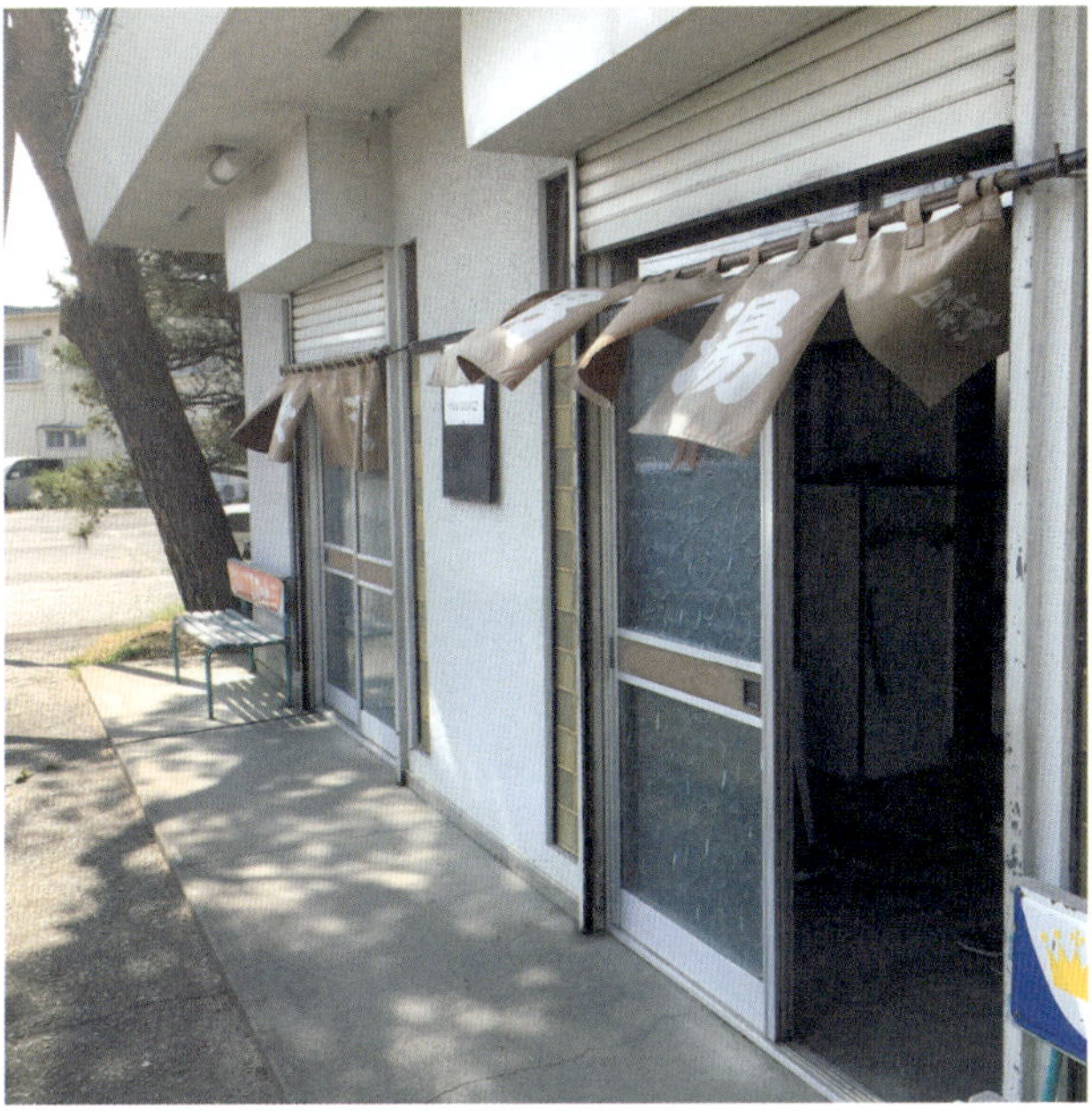

風に揺れる田の神湯ののれん

註・田の神湯さんは２０２４年１月から休業されています。

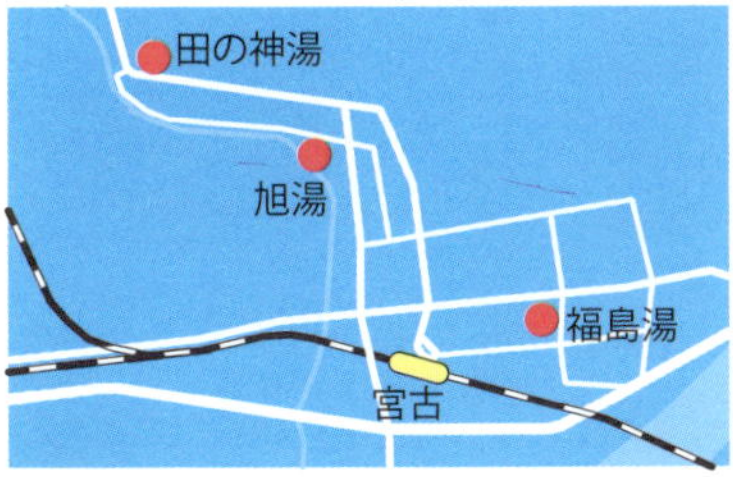

福島湯

住所　岩手県宮古市末広町 1-6
TEL　0193-62-2007
時間　14:00 ～ 20:00
休　月曜日
料金　￥450
交通　山田線・三陸鉄道「宮古」歩 6 分

旭湯

住所　岩手県宮古市西町 1-5-16
TEL　0193-62-4668
時間　13:00 ～ 21:00
休　月曜日
料金　￥450
交通　山田線・三陸鉄道「宮古」歩 11 分

雑貨・食料品店が営む小さな風呂屋

丸一魚店 富士の湯
（福島県田村市）

丸一魚店 富士の湯の売店棟のバックに移ヶ岳がそびえる

消えた銭湯の痕跡

蝦夷《えみし》征討に来た坂上田村麻呂《さかのうえのたむらまろ》にかかわる伝説が多く残る、福島県田村市。その船引という駅から、2時間に1本くらいの路線バスに乗る。ここから北の山間部、かつて美山村だったところに「魚屋さん併設の銭湯がある」との情報を得て興味を持ったからだ。銭湯オタクの私もそんなのは聞いたことがない。本当にやってるのか疑問を感じたので前日に電話してみたら、電話口に男性が出て、「はい、営業しています」とのこと。

バスを「美山入口」で降りた。本当は「美山」まで行きたいのだが、そこまで行くバスは日に朝夕2本しかなく、それ以外の時間帯は「入口」から2キロほど歩くしかない。

降りしなに運転手さんが「ウツシガタケにでも登るの？」と聞いてくる。ウツシ？ このへんにある山の名前なのだろうか。「いや暑いので山にはちょっと……」と答えてバスを降りた。すると目の前に、こんなものがあった（左頁写真）。

　ブロックで囲まれた小屋のアルミ製ドアには「ボイラー室」と書かれている。隣の家は新しく建て替えられているが、おそらくそこが「和泉乃湯」という銭湯を営んでおられたのだろう。

　そういえば20年ほど前に私が地方の銭湯を歩き始めた頃は、「こんなところに！」とビックリするような辺鄙《へんぴ》な場所にも昔ながらの小さな銭湯がまだまだ残っていて、夕方になると近所の人たちが風呂道具を持って集まっていた。当時はここでもそんな光景が毎日見られたに違いない。

　「和泉乃湯」のボイラー室の左に未舗装の坂道があり、その上に神社のようなものが見える。登ってみると「聖徳神社」と書かれ、格子扉からのぞいたら、高さ1メートルほどの聖徳太子と思われる彩色された木像があった。

和泉乃湯駐車場、と看板が出ている

　こんな場所に聖徳太子信仰があったのか。和泉乃湯も聖徳神社もグーグルマップには出てこない。歩き旅でだけ出会える日本の歴史のワンシーンだ。

「坂上田村麻呂が登った山」のふもとに

　そこから旧美山村を目指して、阿武隈川の支流の支流にあたる紫川に沿って歩いて行く。川岸で草刈りをしていた女性のほかに人影はない。こんもりと茂った森を左にまわったあたりで、目の前に特徴的な山がドンと現れた。

　あの山は磐越東線の車窓からも見えていた。地図を見ると、それこそが運転手さんの言った「移《うつし》ヶ岳」だった。坂上田村麻呂が登って四方を偵察したとの伝承があり、山頂からは３６０度の展望が広がるようだ。

　その山を眺めながらさらに進むと、移ヶ岳をバックに「丸一魚店　富士の湯」と看板を上げている建物が現れた。

　屋号から、もとは鮮魚店だったようだ。でも入ってみると鮮魚は見当たらず、調味料やカップ麺、酒類、台所用品、ゴミ袋や野菜のタネなど、現在は食料品や日用雑貨を扱っているようだ。

　声をかけるとおかみさんが出てきて、入浴料５００円を支払うと風呂へ案内してくれた。風呂へは普通の家の居間のような休憩室の横を通っていく。民家の風呂を借りるような趣きだ。

客は他にいなかった。コンパクトな脱衣場と浴室、カラン3組。湯船も3人くらいのサイズ。窓が2カ所にあって明るく、外は川岸の雑木林になっている。湯は41度くらいで私的にはややぬるめ。ジェットがポコポコと噴出する音だけが聞こえる。都会のテンポとは別次元の、小さな平和空間だ。

ぼんやりと湯につかっていたら時が経つのを忘れてしまいそうになったが、帰りのバス便を逃すと次は2時間半後までないので、あまりのんびりもしていられない。

風呂から上がると扇風機のある休憩室がいくつかある。日が差し込んで、まさに田舎のおばあちゃんちだ。瓶牛乳を自販機で買って飲んだ。

山のふもとの小さな世界

商店部分に戻ると、店主の佐藤朋文さん（63歳）が近所の人と楽しそうに歓談していた。

——いいお湯でした。魚屋さんが風呂屋をやってると聞いて来たんですよ。

「魚は、最近はみんなスーパーへ行って買っちゃうからねえ。今は注文がある時だけ仕入れてます」

丸一魚店は1961年に、朋文さんの父親が現在地から1キロほど離

（上）丸一魚店の売店棟のうしろに富士の湯の浴場と休憩室がある
（下）小さな浴室。床は花崗岩の切り石が敷かれ、ボトルシャンプー類が備え付けられている

開け放たれた休憩室。夏休みにおばあちゃんの家に帰ったような気分に

れた場所で開業した。それを2000年にここへ移転させ、同時に富士の湯も営業を始めたそうだ。

——それはどういうことで？

「1980年ごろかな、父親が関節リウマチになって、医者からも〈治らない〉と言われたんです。でもリウマチに温泉がいいらしいと聞いて、あちこちの温泉をめぐるうちに治ってしまいました。でもどこの温泉が効いたのかわからない」

——ほー、なるほど。

「そういえば昔、近くの沢のほとりに鉱泉があって、みんなが入ってたことを父親は思い出しました。もう埋もれてしまっているけど掘り直してみよう、と考えてその土地を購入し、元の泉を掘り直すとドッと出た。そして父親はそこに自分用のユニットバスを置いて入るようになったんです。それが今のこの場所です」

——へぇ、ご自分の湯治用に掘ったんですね。

「はい。でも、ここに昔から鉱泉が湧いていたことを村の人たちも知ってるもんだから、〈私らも入れてくれ〉と来るようになりました。それならということで2000年に現在の入浴設備を作り、私も仕事を辞めて、家も魚屋も全部ここへ引っ越してきたんです」

昔話のここ掘れワンワンではないが、なんだかちょっと愉快な話だ。

風呂は現在、夜勤明けに入って帰るトラック運転手や、朝から来て1日ゆっくり過ごす高齢者、売店の酒類を持ち込んでの食事会などに場所貸しを兼ねて使ってもらっているそうだ。どこかユニットバス時代の続きのような、家の風呂と居間を地域の人に提供しているような感じでもある。

レジの壁に回数券がいっぱい貼ってある。「みんな忘れてくるからここに貼っておくことにしたんです」とのこと。気安い地域の寄り合い所、といった印象だ。

「ほら、あの丘の上の建物が見えるでしょう。あそこまで市の上水道が来ているんですが、このあたりはまだ来ておらず、飲み水はみんな井戸水です。40メートルくらい掘ってね」

移ヶ岳のふもとの、水道が来ていない小さな集落に口伝えで知られていた泉。その水を沸かした小さな銭湯で、村の人々が集う小さな世界が展開している。そして私のような、訪れた誰をも受け入れてくれる。こんな小さな風呂屋がひっそりと日本のあちこちに増えていったら、旅もさらに楽しくなるだろうなあ。

帰り際にいただいたペットボトルのお茶を飲みながら、また2キロの道を歩いて「美山入口」へ戻る。心に残る旅の一コマとなった。

（初出／2024年9月19日）

店内で談笑する佐藤朋文さん（左）

住所　福島県田村市船引町北鹿又石崎5
TEL　0247-82-0402
時間　8:00～20:00
休　無休（臨時休業あり）
料金　￥500
交通　磐越東線「船引」→福島交通バス「美山入口」歩24分

上関共同浴場（→ 16 頁）

おわりに

訪れるたびに、みちのくの広さ、そして地域ごとの強い個性にいつも驚かされます。本書で取り上げた入浴施設は、あくまでも私が旅先でのさまざまな条件やタイミングで巡り合った場所であり、地域的に大きな偏りがあります。みちのくの「ちいさなまちの素朴湯」はまだまだあるはずですので、今後の旅も楽しみです。

本書に掲載した入浴施設の状況は文字通り「水物」――建物の状況や設備、温泉の場合は湯の性状や温度、また営業時間や料金なども変化します。さらに（あまり考えたくないことですが）、コロナ禍によって温泉地の観光業が大打撃を受けたことにより、公的資金によって支えられていた施設の運営が危機に瀕している実情があります。訪問される際にはその時点での状況をご確認ください。

最後にもう一つ、本書に出てくる施設内部の写真はすべて特別な許可をいただいて撮影したものです。入浴施設での盗撮事件なども起きている昨今、管理者に無断での内部撮影は決してしないでください。

それでは、みちのくのどこかのお風呂で、読者のみなさんとバッタリ出会うのを楽しみに！

滝の湯（→ 62 頁）